쾌청 신약

들음에서 앎으로, 앎에서 삶으로 이어지는 성경 공부

쾌청 신약

지은이 | 박영호
초판 발행 | 2022. 5. 3
등록번호 | 제 1988-000080 호
등록된 곳 | 서울특별시 용산구 서빙고로 65길 38
발행처 | 사단법인 두란노서원
영업부 | 2078-3352   FAX | 080-749-3705
출판부 | 2078-3331

책값은 뒤표지에 있습니다.
ISBN 978-89-531-4211-4 03230

독자의 의견을 기다립니다.
tpress@duranno.com www.duranno.com

두란노서원은 바울 사도가 3차 전도여행 때 에베소에서 성령 받은 제자들을 따로 세워 하나님의 말씀으로 양
육하던 장소입니다. 사도행전 19장 8-20절의 정신에 따라 첫째 목회자를 돕는 사역과 평신도를 훈련시키는 사
역, 둘째 세계선교(TIM)와 문서선교(단행본·잡지) 사역, 셋째 예수문화 및 경배와 찬양 사역, 그리고 가정·상담 사역
등을 감당하고 있습니다. 1980년 12월 22일에 창립된 두란노서원은 주님 오실 때까지 이 사역들을 계속할 것
입니다.

들음에서 ──── 앎으로, 앎에서 ──── 삶으로 이어지는 성경 공부

쾌청 신약

박영호 지음

TO LISTEN

두란노

목 차

"언니! 제가 할게요." 집안에 무슨 일이 있으면 먼저 팔을 걷어붙이는, 그런 동생이었다. 그런데 오늘은 달랐다. 오랜만에 예수님이 오셨기에 잘 대접하고 싶었다. 잘하고 싶은 만큼 마음은 바쁘고 손은 뜻대로 움직이지 않았다. 그런데 동생은 예수님 앞에서 한가롭게 얘기를 나누고 있지 않는가. 꾹 누르려고 했지만, 쉽지 않았다.

마리아는 오래 앉아 있을 심산이 아니었다. 오늘 내놓기로 한 요리라면 내 손이 가야 했다. 잠시만 예수님께 인사하고 부엌으로 들어가려 했다. 그런데 말씀을 듣다 보니 시간 가는 줄 몰랐다! 언니가 단단히 화가 난 것 같다. 손님 앞에서 언성을 높일 성격이 아닌데! 내가 왜 그랬을까?

예수님은 말씀하신다. "마르다야 마르다야 네가 많은 일로 염려하고 근심하나 몇 가지만 하든지 혹은 한 가지만이라도 족하니라 마리아는 이 좋은 편을 택하였으니 빼앗기지 아니하리라"(눅 10:41-42). 일하는 것보다 말씀 듣는 것이 더 중요하다는 말은 아니다. 마르다는 즐거움으로 하지 못했다. 마리아는 말씀 듣는 것에 쏙 빠져서 온전히 예수님 앞에 머물러 있었다.

하나님은 이런 즐거움을 지켜 주고 싶어 하신다. 사랑하는 이를 위해 요리하면서 즐거움을 누린다면 그 역시 지켜 주실 것이다. "빼앗기지 아니하리라!" 어떤 일이든 쏙 빠져서 시간 가는 줄 모르고 몰입해 본 적이 언제인가?

'쾌청'(快聽)이라는 말은 그런 마음으로 듣자는 것이다. "듣기는 속히 하라"는 야고보서 말씀에서 나왔다(약 1:19). '속히 한다'는 말은 기쁘게, 반갑고 설레는 마음으로 한다는 뜻이다. 마지못해, 의무감으로 하면 뭉그적거리게 된다. "갈 길을 밝히 보이시니 주 앞에 빨리 나갑시다"(새찬송가 524장)라는 찬송처럼, 예배하며 말씀 듣는 일이라면 빨리 달려가고 싶은 마음, 그랬던 기억들이 있지 않은가? '빨리'라는 말에는 간절함과 즐거움이 배어 있다.

'쾌청'이라는 말을 곱씹어 보면, '유쾌', '상쾌', '통쾌'라는 말이 연이어 떠오른다. 사도 베드로는 우리가 말씀을 듣고 돌이키면 "유쾌하게 되는 날이 … 이를 것이요"(행 3:19, 개역한글)라고 했다. 말씀을 쾌청(快聽)하면 삶이 쾌청(快晴)해지리라는 약속으로 읽는다.

이 책은 2016년 초여름 과천교회에서 전했던 말씀을 기초로 한다. 전주에 있는 한일장신대학교에 재직할 때였다. 수요일 밤에 강의를 마치고 KTX 막차 시간에 맞추어 광명역으로 급히 달려가야 하는 무리한 일정이었지만 무척 즐거운 시간이었다. 지역 교회가 신약학 교수에게 기대할 법한 강의, 성경에 대한 학문적 통찰을 제공하면서도 성도들의 현실에 빛을 비추어 줄 수 있는 강의를 목표로 했다. 처음부터 지역 교회 담임목사로서 강의를 준비했다면 좀 다르게 했을 것이다. 좀 더 쉽게, 감성에 맞추어, 그러면서 보다 평면적으로 전했을 수도 있겠다.

같은 말씀을 2020년 가을 포항제일교회에서 전했다. 코로나19의 직격탄을 맞은 교회가 휘청거릴 때, 말씀에 대한 갈급함이 그 어느 때보다 깊을 때였다. 잠시 집회가 가능하게 되었을 때, 수요일 밤에 교회에 모인 성도들은 침 삼키는 소리까지 들릴 정도로 집중하여 귀 기울였다. 학문적 신약 성경 이해에 기초한 말씀의 풀이가 목회 현장에서도 절실히 필요함을 다시 한 번 깨달았다.

이 강의는 성경에 대한 역사적, 학문적 이해의 도움을 받으면서도, 성경이 오늘 우리를 향한 권위 있는 말씀이라는 고백 위에 서 있다. 성경은 해석을 필요로 하는 책이며, 그 해석은 진리를 향한 열린 자세를 요구한다는 사실을 전하고자 했다.

사도 바울은 "주를 기쁘시게 할 것이 무엇인가 시험하여 보라"(엡 5:10)고 했다. 신앙생활에 있어서, 성경 해석에 있어서, 교회에서 행하는 사역과 가르침에 있어서 우리는 정답을 갖고 있지 않다. 주님을 기쁘시게 하는 길이 무엇인가 찾아 가는 과정에 있다. 모든 신학은 잠정적이며, 모든 사역은 실험적이다. 우리의 지식들도 하나님을 기쁘시게 하는, 성경의 진리를 오늘에 되살리게 하는 큰 목적에 복무하는 도구다. 강의를 진행하면서 성서학적 지식이 도구로서의 본분을 벗어나지 않게 하려고 애를 썼다.

신약 성경이 갖는 깊이와 폭에 비해서는 물론이거니와, 신약 자체의 분량과 비교해도 이 책은 턱없이 짧고 내용상 부족한 책이다. 신약의 모든 면을 체계적으로 소개하려는 의도를 갖고 있지 않다. 그러려면 두꺼운 신약개론서를 대하는 편이 좋을 것이다.

독자들이 신약의 세계를 여행하는 여행자라고 가정했을 때, 일정을 시작하기 전에 간단히 준비시키는 오리엔테이션 정도로 봐 주면 좋겠다. 이 여행지를 통과하면서 어떤 부분들을 눈여겨보면 여행의 경험이 극대화될 수 있을지 귀띔해 주는 것이 필자의 목표다.

이 책을 읽고 신약 성경을 펼쳐 보기 바란다. 이전에 보지 못하던 풍경, 각 성경의 독특한 강조점들, 그러면서 전체를 관통하는 시각이 생길 것이다. 예수님의 발치에서 시간 가는 줄 모르고 말씀에 귀 기울이던 쾌청의 역사가 우리 가운데 되살아나기를 간절히 바란다. 즐거이 듣는다면, 그것은 필히 담대한 실천으로 이어질 것이다.

책을 낼 때마다 망설임이 있다. 쉴 새 없이 쏟아지는 과잉 정보의 세상에서 책 한 권 더하는 것의 의미를 묻게 되고, 종이책을 만들기 위해 잘려 나가는 나무도 생각하게 된다. 한국에서 낸 첫 책 《에클레시아》(새물결플러스, 2018)도 "너무 전문적인 내용이어서 상품성이 있을까요?"라는 염려를 출판사 측에 거듭 전했다. 계속해서 강권한 쪽이 옳았다. 책을 읽고 도움을 받았다는 소감들을 접할 때마다 큰 보람을 느낀다.

이 책을 내는 데도 망설임과 강권이 있었다. 처음에 이 말씀을 전했을 때 인터넷을 통해서 많은 사람이 시청했다. 그때 꼼꼼히 들었던 정대진 목사님이 후에 우리 교회에 부임하게 되셨고, 이 강의를 출판하자고 건의해서 부족한 책을 내놓을 결심을 하게 되었다. 정 목사님은 강의 녹취록을 바탕으로 초고를 정리하는 수고를 잘 감당해 주셨다.

책을 낼 때마다 독자들에게 감사하는 마음이 크다. 많은 독자의 얼굴이 떠오른다. 먼저 생각나는 분은 포항제일교회 이대공 원로장로님이시다. 책을 낼 때마다 자를 대고 반듯하게 줄을 그어 가며 읽으시고, 인상적인 문장은 암송해서 전해 주기도 하신다. 또한 포항제일교회의 신실하신 교역자들, 장로님들, 성도님들의 얼굴을 떠올리며 이 글을 쓴다. 말씀에 즐거이 귀 기울이는 공동체를 주신 하나님께 감사하는 마음이 차오른다.

훗날 처음 이 말씀을 나누었던 과천교회에 협동목사로 부임하여 삼공플러스를 섬기게 되었다. 말씀의 울림이 이어지는 소중한 경험이었다. 동역의 기쁨을 알게 해 주신 과천교회 주현신 목사님과 성도님들, 삼공플러스 지체들에게 사랑의 마음을 전한다.

출판은 출산과 비슷하다는 생각을 종종 한다. 이 책의 산파 역할을 훌륭히 해 주신 두란노서원의 사역에 주께서 은혜 더하시기를 기도한다.

하나님을 기대하며 말씀을 펼칠 때 우리를 찾아와 음성을 들려주시는 하나님께 감사드린다.

독자님들 모두 쾌청(快聽)하여 쾌청(快晴)하시기를!

2022년 부활절기에
해 뜨는 마을에서 박영호

1부

QUICK TO LISTEN

예수님의 이야기가
우리에게 오기까지

복음, 복음서, 마가복음

1

복음

"우주는 원자가 아니라 이야기로 이루어져 있다"(The Universe is made of stories, not of atoms).[1] 미국의 시인 뮤리엘 루카이저(Muriel Rukeyser)의 말이다. 성경은 우리에게 이야기로 다가온다.

하나님에 대해서 설명하는 여러 가지 방법이 있다. 대표적으로 "하나님은 어떤 분이신가?"라는 주제 아래 하나님의 공유적 속성, 비공유적 속성을 설명하는 방법이 있다. 공유적 속성은 사람들에게서도 볼 수 있는 속성, 즉 선하심, 인자하심 등이다. 비공유적 속성은 사람이 가질 수 없는 하나님만의 독특한 속성, 이를테면 전지전능하심 등이다. 이런 설명이 어느 정도 도움이 되기는 하나 성경이 하나님에 대해 가르치는 방식과는 다르다.

구약의 성도들은 아브라함과 모세와 다윗을 비롯한 여러 성경 인물들의 이야기를 들으며 하나님이 어떤 분이신지, 나는 누군지를 알게 되었다. 하나님이 이집트에서 노예로 살던 우리 조상을 구하시고 여기까지 인도하셨다는 이야기를 들은 유대인 소년의 마음을 상상해 보자. 그때 그는 그 이야기 속에서 자기 자신과 공동체의 정체성을 깨닫는다. 또한 현재 지나는 인생의 광야 길을 헤쳐 갈 믿음을 얻을 수 있다. 자신이 출애굽으로부터 시작해서 오늘에 이르는 큰 이야기의 일부임을 자각할 때다.

미국에서 목회할 때 30-40대의 전문직 교민들과 자주 대화를 나누었다. "우리 아버지가 어린 우리 손을 잡고 커다란 이민 가방을 들고 미국에 오셨을 때가 지금 제 나이쯤이었어요." 이들의 정체성은 그 가족의 이야기에 깊이 뿌리박고 있다. 미국 사회에 소수자로 적응해 가면서 겪은 불안과 불편, 그 시간을 함께 통과한 경험이 하나의 이야기가 되어 가족들의 마음에 자리 잡고 있다. 그 이야기는 내가 어떤 사람인지를 말해 주며, 어떻게 살아야 할지 길을 보여 주기도 한다.

행복한 가정은 좋은 이야기가 많은 가정이다. 옷을 잘 차려입은 가족이 최고급 레스토랑에 마주 앉아 있지만 별 대화 없이 식사하는 가운데 긴장이 흐르다 갈등이 폭발하는 장면은 TV 드라마에서 자주 보는 모습이다. 된장찌개 하나 놓고도 도란도란 대화의 꽃을 피우는 가정이 행복한 가정 아닐까?

이야기는 슬플 때에 더욱 빛을 발한다. 어머님이 돌아가시고 장례를 치르는 자녀들과 형제자매들이 오랜만에 한자리에 모여 며칠을 함께 지내며 고인의 이야기를 나눈다. 방금까지 눈물이 그렁그렁하던 얼굴에 환한 웃음이 돌기도 한다. 이야기에는 치유의 힘, 하나 되게 하는 매력이 있다. 생물학적으로 한 핏줄이라고 하더라도 함께 나눌 이야기가 없는 사람들을 가족이라 부를 수 있을까?

교회를 하나의 가족이라 한다면 그 가족은 이야기가 만들어 낸 가족일 것이다. 예수의 이야기를 듣고, 그 이야기에 반응하여 자신의 정체성을 형성해 간 이들이 그리스도인들이다. 그들은 그 이야기에 자신들을 하나로 만드는 힘뿐 아니라 세상을 바꾸는 힘도 있음을 알았다.

사도들이 지중해 세계 곳곳을 돌아다니며 무엇을 했는가? 무슨 이론이나 철학을 가르친 게 아니다. 복잡한 시장 골목에서, 도시의 광장에서, 작업장에서, 가정에서 만나는 사람들에게 이야기를 들려주었다. "예수라는 사람이 있었습니다. 그는 베들레헴 마구간에서 태어나셨습니다. 가난한 사람들의 눈물을 닦아 주시고 아픈 사람들의 병을 고치셨습니다. 그러다 십자가에 달려 돌아가시고 다시 살아나셔서 저희 앞에 나타나 땅끝까지 이르러 자신에 관한 소식을 전하라고 명령하셨습니다. 그렇기에 저는 그 이야기를 여러분에게 들려 드립니다."

이와 같은 예수님의 이야기는 가는 곳마다 조금씩 바뀌었다. 말하는 이에 따라, 청중의 상황에 따라 같은 이야기가 조금씩 다르게 전해졌음은 충분히 짐작할 수 있다. 그 결과 베드로복음, 도마복음, 안드레복음과 같은 '외경'(外經)을 포함한 많은 이야기가 전해 내려왔다. 그중에서 예수님의 복음을 가장 잘 전해 준다고 인정받은 네 권의 책이 '정경'(正經, Canon)으로 받아들여져 우리가 가지고 있는 성경 안에 들어왔다.

2

복음서

신약 성경 가장 앞에 있는 차례를 보자. 첫 번째 책은 마태복음이다. 그다음에 마가복음, 누가복음, 요한복음 순이다.

복음서	
공관복음서(共觀福音書, The Synoptic Gospels)	제4복음서
마태복음, 마가복음, 누가복음	요한복음

마태복음, 마가복음, 누가복음, 이 세 권은 비슷한 관점을 가지고 있다는 뜻에서 '공관복음'(共觀福音, The Synoptic Gospels)이라고 부른다. 요한복음은 '제4복음서'로 분류되는 조금 독특한 성경이다. 2부에서 마태복음, 누가복음, 요한복음을 다루고, 여기서는 마가복음을 중심으로 설명하고자 한다. 마가복음이 제일 먼저 쓰인 복음서이며, 이 복음서를 이해하는 것이 다른 복음서를 파악

하는 지름길이기 때문이다.

복음서 다음에는 사도행전이 나온다. 이어지는 로마서부터 유다서까지는 '편지'다. 마지막이 요한계시록인데, 요한계시록도 편지와 비슷한 성격을 갖고 있다. 신약 성경에서 복음서와 편지는 두 개의 중요한 장르다.

성경은
어떤 책인가?

성경이 어떤 책인가에 대해 말할 때 자주 언급되는 말씀이 디모데후서 3장 16-17절이다.

모든 성경은 하나님의 감동으로 된 것으로 교훈과 책망과 바르게 함과 의로 교육하기에 유익하니 이는 하나님의 사람으로 온전하게 하며 모든 선한 일을 행할 능력을 갖추게 하려 함이라(딤후 3:16-17).

먼저, 성경은 하나님의 감동으로 된 것이다. 원어는 '하나님의 숨결이 깃들었다'(God-breathed)라는 뜻이다. 성령 하나님의 인도하심에 의해 성경이 기록되고 교회 안에서 인정되고 받아들여지게 되었다. 따라서 성경의 저자는 첫째로 하나님이시다. 하나님이 우리를 잘 교육하고 유익하도록 주신 말씀이다.

그런데 누가복음 1장을 보면 약간 다른 말씀이 나온다.

우리 중에 이루어진 사실에 대하여 처음부터 목격자와 말씀의 일꾼 된 자들이 전하여 준 그대로 내력을 저술하려고 붓을 든 사람이 많은지라(눅 1:1-2).

누가복음의 저자는 자신이 예수님의 사역을 직접 보았던 목격자가 아님을 분명히 한다. '처음부터 목격자와 말씀의 일꾼 된 자들'이 전하여 준 바에 충실하게 내력을 저술하려고 '붓을 든 사람'이 많았다. 누가나 마가가 여기에 속한다. 이어지는 3절에서는 "그 모든 일을 근원부터 자세히 미루어 살핀"이라고 썼다. '미루어 살핀'이라는 말은 복음서를 쓰기 위해서 누가가 연구하고 조사했다는 뜻이다. 즉 "많은 사람이 붓을 들었고, 다수의 자료들이 내 앞에 있다. 예수님에 대해 이런저런 이야기들이 전해져 내려온다. 그렇게 이미 존재했던 내용들을 객관적으로 탐구하고 살펴보는 과정을 거쳤다"는 말이다. 성경이 어떤 책인지에 대해 성경 스스로가 말하는 대목이다.

우리가 누가의 말을 충분히 숙고한다면 '성경은 하나님의 감동으로 됐다'는 말이 글자 하나하나를 하나님이 직접 불러 주셨고 인간 저자는 받아쓰기만 한 것으로 오해할 수 없다.

성경은 하나님의 감동으로 기록되었으며, 동시에 인간 저자의 역할도 있었다. 객관적으로 자료를 분석하고 연구하는 과정이 있었다. 연구와 집필 과정에서 인간 저자의 스타일이 영향을 끼친 것은 물론이다. 마가복음의 경우, 원어로 보면 문장이 짧고 내용 전개가 빠르다. 누가복음은 문장이 길고 유려하다. 두 복음서의 문체가 확연히 차이가 난다. 말을 풀어 가는 방식, 선호하는 단어들, 강조하는 주제의 차이도 뚜렷하다.

다음으로 독자(讀者)를 고려해야 한다. 누가복음의 다음 구절을 읽어 보자.

나도 데오빌로 각하에게 차례대로 써 보내는 것이 좋은 줄 알았노니(눅 1:3).

누가복음의 경우, 독자는 '데오빌로 각하'라고 한 것으로 보아 귀족으로 보인다. 그러면 교육 정도는 어떨까? 지식인일 것이다. "알고 있는 바를 더 확실하게 하려 함"(눅 1:4)이라는 말씀을 보면 그리스도의 복음에 대한 기초 지식이 있는 사람이라는 것을 알 수 있다.

각 성경마다 주된 독자층이 있다. 어떤 성경은 지식인들에게, 어떤 성경은 지식이 좀 부족한 사람들에게, 어떤 성경은 유대인들을 주 대상으로, 어떤 성경은 이방인들을 대상으로 쓰였다. 그렇다면 독자에 따라 표현과 접근이 조금씩 다를 수 있다. 따라서 마태복음, 마가복음, 누가복음, 요한복음 등 네 개의 복음서가 존재한다.

하나님이 주도하셔서 하나님의 감동으로 기록되었지만 각 복음서마다 저자와 독자의 상황이 다르다. 같은 부모가 하는 말이라도, 대입 수험생에게 하는 말과 수학능력시험을 마친 자녀에게 하는 말은 다를 수 있다. 상황이 다르기 때문이다. 마찬가지로 심각한 박해 상황에 처한 사람들에게 전하는 말씀과 일상적인 상황에 있는 사람들에게 나누는 말씀도 강조점이 다르다.

쉬운 예를 들어 보자. 아버지가 돌아가시고 약 20-30년이 지나 자녀들이 모여 아버지에 대한 글을 쓰기로 한다. 그 내용이 전부 같을까? 다르다. 막내딸은 이렇게 적었다. "아빠가 나를 당신 고향에 데리고 가서 어린 시절 이야기를 들려주셨다." 오빠들은 전혀 모르던 일이지만, 그녀가 분명히 경험한 고유하고 특별한 사건이다. 마찬가지로 다른 복음서에는 없는 내용이 요한복음에만 기록되어 있기도 하다. 그러므로 성경은 하나님의 말씀이지만 인간 저자가 다르고 독자의 상황이 모두 다르다.

디모데후서 3장 16절에 의하면, 성경은 "교훈과 책망과 바르게 함과 의로 교육하기에 유익"하다. 교육에는 늘 대상이 중요하다. 같은 성경이라도 신학교에 가서 가르칠 때와 교회에서 가르칠 때는 각각 다르다. 선교지에 가면 또 다른 면이 강조되고 다른 스타일로 가르칠 수 있다. 강의의 목적과 독자가 다르기 때문이다. 이처럼 다른 접근이 있다는 점을 알아야 복음서를 제대로 이해할 수 있다.

복음서는 예수님에 대한 이야기이기 때문에 매우 중요하다. 예수님을 알아야 기독교를 알게 된다. 그런데 복음서를 제대로 아는 것이 쉽지 않다. 피상적인 지식들은 때로 복음서를 이해하는 데 방해가 된다. 가령 마태복음은 유대인을 위한 복음이고 마가복음은 로마에 있는 성도들을 위한 복음이라고 구분하거나, 마태복음은 왕으로서의 예수님, 누가복음은 인간으로서의 예수님을 이야기한다고 구분하는 경우가 있다. 나름의 일리는 있지만, 이렇게 규정하고 보면 놓치는 부분들이 더 많다.

예를 들어, 많은 사람이 마태복음을 유대적인 복음서, 유대인을 위한 복음서로 이해한다고 했다. 그러나 마태복음에는 다음과 같은 깜짝 놀랄 만한 대목이 있다.

백성이 다 대답하여 이르되 그 피를 우리와 우리 자손에게 돌릴지어다 하거늘(마 27:25).

예수님을 십자가에 못 박으라는 말에 빌라도는 죄 없는 사람을 어떻게 십자가에 못 박느냐고 답했다. 그러자 그 자리에 모인 이스라엘 백성은 만약 이 판결이 잘못됐으면 그 피를 자신들에게 돌리라고 말했다. 가슴 섬뜩한 이 말은 사복음서 중 유일하게 마태복음에만 나온다. 이를 두고 보면 마태복음이 유대적인 복음서,

유대인을 위한 복음서라는 주장에 의문이 생긴다.

역사상 마태복음 27장 25절은 유대인들을 증오하고 핍박하는 소위 반유대주의(Anti-Semitism)에 지대한 영향을 끼쳤다. 유대인을 무려 60만 명이나 죽인 아돌프 히틀러(Adolf Hitler)가 대표적이다. 히틀러도 성경을 인용했다니! 자기 마음에 드는 부분만 편협하게 떼어 인용한 것이다.[2] 이 구절은 사실 주후 70년, 로마 군대에 의해 예루살렘성이 함락되면서 성취되었다고 봐야 한다. 그런데 이 말씀을 20세기 유대인 학살에 오용했다.

그래서 성경을 정확하게 공부하는 것이 중요하다. 신천지를 비롯한 많은 이단이 성경 구절을 가지고 말한다. 나치가 마태복음을 왜곡해 강조하며 유대인들을 죽였다는 사실을 성도들은 잘 모른다. 오히려 성도가 아니거나 안티기독교 운동을 하는 사람들이 잘 알고 있다. 이런 상황은 교회를 사랑하고 교회가 세상의 빛이 될 수 있다고 믿는 그리스도인들에게 성경을 제대로 배울 것을 요구한다.

공관복음의
구조

앞서 언급했듯이 공관복음은 사복음서 중 마태복음, 마가복음, 누가복음을 가리킨다. '공관복음'은 '같은 관점'을 가졌다는 뜻이다. 같은 관점이란 구체적으로 무엇을 말하는 것일까? 이 세 권의 복음서와 제4복음서 사이의 결정적인 차이는 무엇일까?

공관복음의 이야기는 갈릴리에서 시작한다. 예수님이 갈릴리에서 출발해 제자들과 예루살렘을 향해 가시다가 도착해서 십자가에서 돌아가시고 부활하심으로 끝난다. 공관복음의 동선을 표시하면 매우 단순하다.

| 공관복음의 동선 |

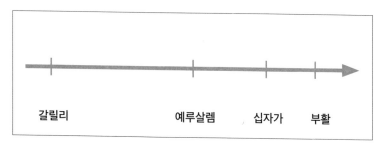

| 갈릴리 | 예루살렘 | 십자가 | 부활 |

공관복음에 따르면, 예수님이 예루살렘에 도착하신 때는 유월절 직전이었다. 공관복음에는 유월절이 한 번만 나온다. 공관복음이 증언하는 예수님의 사역 기간은 채 1년이 안 된다. 그러나 요한복음에는 유월절이 세 번 나온다. 요한복음에서는 예수님이 갈릴리에 계셨다가 예루살렘으로 가시고, 예루살렘에 계시다가 또 갈릴리로 오신다. 공간적으로 예수님의 사역이 두 지역을 왔다 갔다 하며 이루어진다. 이 점에서 요한복음이 역사적 사실과 가까워 보인다.

예전에는 공관복음이 역사적인 순서를 따라 기록된 데 반해, 요한복음은 주제를 따라 영적인 의미 부여에 관심을 두었다는 뜻에서 '영적 복음서'라고 부르기도 했다. 그러나 어느 쪽이 더 역사적 사실에 가까운가는 한두 마디로 잘라 말하기 힘든 복잡한 문제다. 분명한 것은 마가복음의 구조도 저자가 강조하고 싶은 주제를 반영한, 즉 신학적 관심이 뚜렷한 구조라는 것이다.

예수님이 갈릴리에서 사역을 시작하시고 한 번 예루살렘을 찾아가 끝맺는 마가복음의 구조를 마태복음과 누가복음도 기본적으로 따르고 있다. 그런 점에서 마가복음의 영향은 지대하다. 예수님의 일대기를 전하는 책이 '복음'이라고 불리게 된 것도 마가복음 1장 1절의 영향이다.

그렇다면 갈릴리 사역의 시작은 어디일까? 사복음서 중에 성탄절 이야기가 나오는 복음서는 마태복음과 누가복음뿐이다. 마가복음과 요한복음에는 나오지 않는다. 마가가 복음서를 쓸 때 아기 예수님의 탄생은 복음 이야기에 필수적이라고 생각하지 않았다는 말이다. 있으면 좋지만 없어도 되는 선택이라고 판단했을 것이다. 그 결과 마가복음에는 성탄 이야기가 나오지 않는다. 대신 마가복음은 "주의 길을 준비하라"는 세례 요한의 외침으로부터 시작한다 (막 1:2-3). 즉 초대 교회 성도들은 예수님의 탄생 이야기가 복음에 반드시 들어가야 하는 필수 요소라고는 생각하지 않았다.

사도행전 1장을 보면, 예수님이 승천하신 후 사도들이 가장 먼저 한 일이 가룟 유다를 대신하는 사도를 선임하는 일이었다. 그때 초대 교회가 생각한 사도의 요건은 무엇이었을까? 오늘날에도 장로를 비롯한 중직자를 뽑을 때 각 교단 헌법과 교회 내규에 근거해서 자격을 정한다. 가령 등록 후 몇 년 이상 출석, 나이 몇 세 이상, 봉사 경력 등을 살피고 직분자로 세운다. 그렇다면 사도의 구체적인 자격은 무엇이었을까? 사도행전 1장 21-22절에 구체적인 요건이 나온다.

이러하므로 요한의 세례로부터 우리 가운데서 올려져 가신 날까지 주 예수께서 우리 가운데 출입하실 때에 항상 우리와 함께 다니던 사람 중에 하나를 세워 우리와 더불어 예수께서 부활하심을 증언할 사람이 되게 하여야 하리라 하거늘(행 1:21-22).

기존의 사도들은 '우리와 함께 다니던 사람'이라는 요건을 제시했다. 그 구체적인 시점은 '요한의 세례로부터'다. 요한의 세례로부터 복음이 본격적으로 시작된다. 즉 사도의 자격은 예수님이 어릴 때 무슨 일이 있었는지를 아는 데 있지 않았다. 아기 예수님이 어디에서 태어나셨는지 몰라도 상관없었다. 그러나 '요한의 세례로부터'는 알고 있어야 사도가 될 수 있었다.

초대 교회 성도들은 복음이 세례 요한의 전파로부터 시작된다고 생각했다. '예수님이 서른 살 되시던 해'라는 아주 분명한 틀이 있었기 때문이다. 따라서 마가는 당시 신앙 공동체의 이해에 따라 세례 요한의 전파로부터 복음서를 썼다. 그리고 나서 약 20년의 시간이 지나 교회가 예수님의 탄생 이야기에 관심을 가졌고, 필요를 느꼈던 것으로 보인다. 그 결과 마태와 누가는 아기 예수님의 이야기를 추가해 복음서를 완성했다.

3

마가복음

마가복음은 갈릴리에서 예루살렘까지의 예수님 생애 전체를 16장에 기록하고 있다. 그런데 예수님의 예루살렘 입성이 11장에 나온다. 이날이 일요일이었는데, 그 주 금요일에 예수께서 십자가에 못 박히셨고, 다음 일요일이 부활절이 된다. 한 사람의 인생을 기록하면서 30여 년의 시간 중 마지막 일주일에 3분의 1 이상의 분량을 할애했다는 것은 무슨 뜻일까? 그 마지막 7일이 그만큼 중요하다는 의미다.

앞서 언급했듯이 예수님의 탄생 이야기는 복음에 있어서 필수가 아니라 선택이다. 그런데 예수님의 마지막 일주일 이야기는 필수일 뿐만 아니라 3분의 1을 차지할 만큼 중요한 내용이다. "십자가와 부활"이 마가가 이해하는 복음에서 핵심 주제라고 할 수 있다. 성탄절 없는 교회는 있을 수 있다. 그러나 수난과 부활을 모르는 교회는 불가능하다. 이를 염두에 두고 마가복음을 비롯한 복음서를 읽어야 한다.

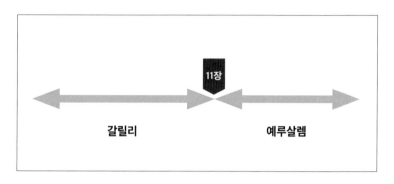

갈릴리   예루살렘

마가복음의
주제

그렇다면 마가복음의 주제는 무엇인가?

하나님의 아들 예수 그리스도의 복음의 시작이라(막 1:1).

우리가 예수님의 이야기를 기록한 네 권의 책을 '복음'이라 부르는 관행이 여기서 출발했다. 마가복음은 처음부터 예수 그리스

34

도에 대한 책이라는 점을 분명히 한다. "예수님은 그리스도시며 하나님의 아들이시다." 이 진술이 마가복음 전체의 주제다. 마가복음의 관심은 단 하나다. "예수님은 누구신가?"다. 예수께서 바다의 풍랑을 잔잔하게 하시고 난 후에 제자들의 반응이 어떠했는가? 그들은 "그가 누구이기에 바람과 바다도 순종하는가"(막 4:41)라는 의문을 가졌다. 예수님은 가는 곳마다, 하는 행위마다 사람들의 의문을 자아내셨다. 마가복음 전체가 예수님의 정체를 찾아가는 과정이다.

범죄 영화의 구성을 떠올려 보면 이해에 도움이 된다. 범죄 영화는 크게 두 가지 종류가 있다. 첫 번째는 누가 범죄를 저질렀는지 관객들이 처음부터 아는 경우다. 하지만 영화 속 등장인물들은 범인을 몰라 찾고 헤매는 모습을 보여 준다. 두 번째는 관객들도 범인을 모르는 경우다. 그들은 자신도 모르는 상태에서 끝까지 궁금증을 가지고 함께 범인을 찾아 간다. 그리고 마지막에 마침내 사건의 정체를 알게 된다. 범죄 영화가 아니더라도《키다리 아저씨》처럼 미지의 존재를 다룬 소설이나 영화 역시 이와 비슷하게 두 가지 큰 줄기로 구분이 가능하다.

그렇다면 마가복음은 어떤 형식의 드라마일까? 시청자들은 답을 알고 있다. 시작하자마자 1장 1절에서 명쾌하게 가르쳐 주기 때문이다. 바로 "하나님의 아들 예수 그리스도의 복음의 시작이라"라는 선언이다. 그런데 마가복음에 등장하는 인물들은 이 정답을 몰라 헤맨다. 마가복음은 예수님이 누구신지 오해하고 헤매면서 찾아 가는 이야기다.

그가 전파하여 이르되 나보다 능력 많으신 이가 내 뒤에 오시나니 나는 굽혀 그의 신발 끈을 풀기도 감당하지 못하겠노라(막 1:7).

세례 요한이 예수님을 가리켜 한 말이다. 요한은 그 시대 많은 사람의 인정을 받으며 상당한 세력을 이룬 사람이었다. 그런 요한이 예수님에 대해 자신은 그의 신발 끈을 풀 자격도 없다고 겸손하게 말했다. 그러자 사람들은 예수님이 대체 어떤 사람이기에 그러는지 궁금증을 가졌다. 이렇게 "예수님은 누구신가?"라는 질문에 대한 답을 하나하나 찾아 가며 마가복음을 읽게 된다.

하늘로부터 소리가 나기를 너는 내 사랑하는 아들이라 내가 너를 기뻐하노라 하시니라(막 1:11).

하늘에서 소리가 났다. 이 음성을 예수님만 들으셨을까, 아니면 주위 사람들도 들었을까? 앞선 10절에 예수님의 시각에서 "내려오심을 보시더니"라고 기록된 것으로 보아 '하늘의 소리'는 예수님께만 들렸을 가능성이 높다. 사람들은 예수님이 어떤 분이신지, 그분이 하나님의 아들이신지 잘 몰랐다.

이제 1장 40절 이하에 일어나는 상황을 보자. 예수님은 나병 환자를 고치시고는 깨끗해진 몸을 제사장에게 보여 주라고 하셨다. 그런 다음 "아무에게 아무 말도 하지 말라"고 엄하게 경계하셨다. 이유가 무엇일까? 마가복음에서 가장 큰 의문을 일으키는 장면이다. 그런데 나병 환자는 예수님의 명령에 순종해서 침묵을 지키지 않았다. 45절을 보면, 도리어 그는 이 일을 많이 전파했다. 그 결과 예수님이 병을 고치셨다는 소문이 이스라엘 안에 널리 퍼져 큰 동요가 일어났다.

"예수님은 누구신가?"라는 마가복음의 주제와 관련해서 중요한 대목이 1장 24절이다.

나사렛 예수여 우리가 당신과 무슨 상관이 있나이까 우리를 멸하러 왔나이까 나는 당신이 누구인 줄 아노니 하나님의 거룩한 자니이다(막 1:24).

　우리말에도 누군가가 무언가를 신기하게 잘 알면 '귀신같이 안다'고 표현하는 말이 있다. 비슷하게 마가복음에서는 귀신이 '하나님의 거룩한 자'라는 예수님의 정체를 잘 아는 것같이 보인다. 그런데 예수님은 이번에도 "잠잠하라" 하셨다(막 1:25). '왜 그러셨을까?'라는 궁금증으로 마가복음을 읽게 된다. 귀신까지 포함한 많은 등장인물이 예수님의 정체를 밝히기 위해 각축을 벌이는 구도로 볼 수 있다.

　그 모든 등장인물 중에 가장 유력한, 예수님을 가장 잘 알 법한 사람이 누구일까? 예수님의 수제자라 불리는 베드로다. 예수님 곁에서 가장 많은 가르침을 받았기 때문이다. 그 베드로의 이야기가 8장에 나온다. 예수님이 제자들에게 "너희는 나를 누구라 하느냐"고 물으시자 베드로는 "주는 그리스도시니이다"라고 대답했다(막 8:29). 그런데 예수님은 베드로의 말에 대해 명확하게 옳다, 그르다 판단하지 않으셨다. 대신 30절에 따르면, 제자들에게 "자기의 일을 아무에게도 말하지 말라"고 경고하셨다. 베드로가 틀려서가 아니라, 맞는 말이긴 하지만 다른 사람들 앞에서 말하지 말라는 의미로 들린다. 이유가 무엇일까?

인자가 많은 고난을 받고 장로들과 대제사장들과 서기관들에게 버린 바 되어 죽임을 당하고 사흘 만에 살아나야 할 것을 비로소 그들에게 가르치시되(막 8:31).

예수님의 이 말씀에 베드로는 그러시면 안 된다고 항변했다(막 8:32). 이에 예수님은 그를 꾸짖으셨다(막 8:33). 베드로의 '항변'과 예수님의 '꾸짖음'은 원어로는 같은 단어다. 강대강의 충돌이다. 베드로가 예수님을 꾸짖었다! 예수님은 "사탄아 내 뒤로 물러가라"(막 8:33)라는 말씀으로 반격하셨다.

마가복음의 구조

앞서 살펴보았듯이 마가복음의 구조에서 예루살렘 입성 이후 예수님이 마지막 일주일 동안 겪으신 수난이 매우 중요하다. 그런데 8-10장을 보면, 각 장에 한 번씩 모두 세 번 수난 예고가 등장한다. 예수님의 33년 생애의 마지막 일주일이 마가복음의 3분의 1 이상을 차지할 뿐 아니라 이미 그전에 수난 예고가 계속 등장한다. 마가복음에서 "예수님의 십자가 고난"은 그만큼 중심적인 주제다.

| 마가복음의 구조: 마가복음의 수난 예고 |

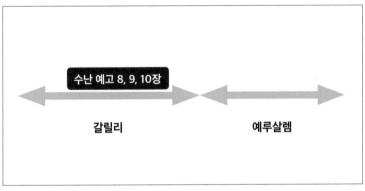

먼저, 마가복음 1장과 15장을 비교해 보자. 마태복음과 누가복음은 예수님이 세례를 받으실 때 하늘이 '열렸다'고 부드럽게 묘사한다(마 3:16; 눅 3:21). 반면, 마가복음 1장 10절은 같은 장면을 두고 하늘이 '갈라졌다'고 기록한다. 이 말은 '찢어졌다'는 뜻이다.

원어인 '스키조'(σχίζω)는 대단히 거친 단어다. 열리는 것은 다시 닫을 수 있는 가능성을 시사한다. 하지만 찢어지면 다시 돌이킬 수 없다. 예수님이 세례를 받으실 때 잠시 열린 것이 아니라, 이때를 기점으로 계속 열려 있는 시대가 된 것이다. 예수님의 세례는 일회적인 이벤트가 아니다. 하늘과 땅이 관계를 맺는 방식을 근본적으로 바꾸어 놓은 새로운 시대를 연 사건이다.

같은 단어(스키조)가 마가복음 15장에 다시 나온다.

예수께서 큰 소리를 지르시고 숨지시니라 이에 성소 휘장이 위로부터 아래까지 찢어져(ἐσχίσθη) 둘이 되니라(막 15:37-38).

역시 다른 복음서에 없는 강한 단어를 마가복음만 이 대목에서 쓰고 있다. 마가복음은 예수님이 세례를 받으실 때의 '하늘의 찢어짐'과 십자가 사건 당시 '성소 휘장의 찢어짐'을 의도적으로 연결하고 있는 것이다. 예수님의 사역은 하늘과 땅의 경계를 없애는 것이었다. 하늘의 은혜가 그대로 땅에 임했다.

성소와 지성소를 갈라놓은 휘장은 하늘과 땅, 하나님과 사람의 경계의 상징이다. 성소의 휘장이 찢어졌다는 것은 하나님과 사람의 분리가 극복되고, 그 분리가 낳은 사람들 사이의 소외도 사라졌다는 뜻이다. 제사장들만 성소에 들어올 수 있었다. 여성과 이방인, 장애인은 성전에 들어오는 것이 제한되었다. 하늘이 찢어지고 성소 휘장이 찢어진 것은 이런 구별의 철폐를 의미한다. 잠시 열린 것이 아니라 완전히 없어졌다.

마가복음은 1장부터 '찢어지다'라는 강력하고 결정적인 단어를 쓰면서 이 복음이 처음부터 십자가를 향한다는 것을 분명하게 보여 준다. 11장에서 예수님이 예루살렘에 들어가시면서 수난주간이 시작되지만, 사실은 처음부터 십자가를 향해 달려가는 복음서가 마가복음이다.

이 사람이 어찌 이렇게 말하는가 신성모독이로다 오직 하나님 한 분 외에는 누가 능히 죄를 사하겠느냐(막 2:7).

여기에 나오는 '신성모독'이라는 말은 14장에서 예수님을 십자가에 못 박도록 고발하는 죄목으로 등장한다.

대제사장이 자기 옷을 찢으며 이르되 우리가 어찌 더 증인을 요구하리요 그 신성모독 하는 말을 너희가 들었도다 너희는 어떻게 생각하느냐 하니 그들이 다 예수를 사형에 해당한 자로 정죄하고(막 14:63-64).

이렇듯 마가복음은 '찢어지다'와 함께 '신성모독'이 앞뒤로 나오면서 처음부터 십자가를 향해 가고 있다.

| 마가복음의 구조: 마가복음의 '찢어지다'와 '신성모독' |

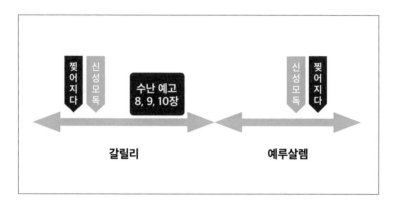

마가는
누구인가?

이제 '마가'라는 사람이 누구인지 살펴보자. 교부 파피아스(Papias)에 따르면, 마가는 베드로의 통역사였다. 베드로는 세계 곳곳을 다니면서 예수님의 이야기를 많이 전했다. 그런데 그는 당시 지중해 지역에서 보편적으로 사용되던 언어인 헬라어에 능통하지 못했다. 따라서 통역사가 필요했다. 이에 히브리어와 헬라어 모두를 잘 아는 젊은 마가가 베드로를 따라다니면서 베드로가 전하는 복음을 통역했다.

그런데 통역을 계속하다 보면 어떤 일이 생길까? 마가는 베드로를 따라다니면서 같은 설교를 수십, 수백 번 반복해서 통역했기 때문에 거의 다 외우게 되었을 것이다. 즉 베드로가 전한 복음을 옮겨 쓴 것이 바로 마가복음이다. 주후 4세기에 활동한 기독교 역사가 유세비우스(Eusebius)는 파피아스가 마가에 대해 기록한 내용을 다음과 같이 전한다.

"베드로의 통역사인 마가는 그가 기억하고 있는 것을 정확하게 기술하였다. 물론 주께서 말씀하신 것과 행하신 것들을 순서에 따라서 기록한 것은 아니다. 왜냐하면 그는 주로부터 직접 듣지도 않았고, 주의 곁에 동행하지도 않았기 때문이다.

오히려 그는, 이미 언급한 것처럼, 나중에 베드로 곁에 동행하였다. 그(베드로)는 (실질적인) 필요에 따라 가르쳤고, 주의 말씀이 짜인 순서에 따라 가르치지 않았다. 그래서 마가는 그가 기억한 대로 몇몇을 기록할 때에 단 하나도 실수하지 않았다. 왜냐하면 그는 단 한 가지에 마음을 쏟았기 때문이다. 즉 그가 들었던 것들 중 단 하나도 빠뜨리지 않는 것 또는 그 가운데 어떤 거짓된 것도 기술하지 않는 것에 마음을 쏟았기 때문이다."[3]

이렇듯 마가는 복음서를 신실하게 기록했다. 고대의 문화는 현대와 많이 다르다. 오늘날은 문학이든, 학문이든, 혹은 영화나 드라마와 같은 영상 매체든 '독창성'에 중점을 둔다. 뭔가 다른 이야기를 해야 사람들이 귀를 기울인다. 반면, 마가는 베드로에게 들은 그대로를 신실하게 전했다. 마가의 복음서 기자(記者)로서의 적절성이 여기에 있다.

이러한 마가의 태도는 오늘날 교회 사역과 문화에도 소중한 깨우침을 준다. 성경을 가르치는 일은 무엇보다 성경이 전하고자 하는 바에 충실해야 한다. '말씀의 종'은 남들과 너무 다른 말, 참신한 말, 안 듣던 말, 귀가 번쩍 뜨이는 뭔가 새로운 말을 하고 싶은 욕심을 통제할 줄 알아야 한다. 기발한 말에 귀 기울이는 것은 이단이 기생하는 토양이기도 하다.

성경 해석의 기본은 일단 성경이 뭐라고 말하는지를 살피고 귀 기울이는 것이다. 본문의 신학적 맥락과 역사적, 문법적 의미를 먼저 물어야 한다. 그다음에 본문을 통해서 하나님이 말씀하시고자 하는 바에 충실하면서 말씀을 받는 공동체, 청중의 삶의 상황을 고려해야 한다. 마지막으로 전하는 이의 개성과 안목, 스타일도 반영할 수 있다. 독창성은 이 세 요소를 두고 씨름하는 가운데 생겨나는 것이다.

"Jesus First, Other Second, Yourself Last"(예수님을 첫째로, 다른 사람은 둘째, 나는 마지막)라는 유명한 말이 있다. 이 셋의 첫 글자를 따면 'JOY'(기쁨)다. 이 우선순위를 따를 때 기쁨이 온다는 의미다. 성경을 전하는 자도 마찬가지다. 그리스도를 통해 나타나는 하나님의 뜻이 우선이다. 그다음이 청중의 유익이다. 마지막은 자신의 신학적 소신, 스타일, 전하는 이로서 갖고 있는 포부가 될 것이다.

마가복음을 영어로 'Gospel according to Mark', '마가에 의한 복음'이라고 한다. '마가의 복음'(Gospel of Mark)이 아닌 '예수님의 복음'이다. 저자인 마가에 의해 표현이 달라질 수는 있지만 중심은 예수님이다. 그 본질이 흔들리면 안 된다. 마가는 처음 받았던 그 말씀을 충실하게 전했다.

마찬가지로 베드로도 신실한 사람이었다. 그가 예수님께로부터 "사탄아 내 뒤로 물러가라"(막 8:33)라고 질책당하는 장면이 마가복음에 그대로 담겨 있다. 베드로가 그 사건을 자기 입으로 교회에 공개적으로 증언했기 때문이다. 이런 내용은 빼거나 미화해서 표현할 수도 있지 않았을까? 그러나 베드로는 자신의 실수와 허물, 지우고 싶은 과거를 낱낱이 이야기했다. 이유가 무엇인가? 내가 아닌 예수님이 주인공이시기 때문이다.

베드로가 당시 교회에서 아무리 권위 있고 많은 존경을 받았다 할지라도 그 자신은 사람들에게 생명을 주지 못한다. 예수님의 이야기가 닿을 때 삶이 바뀐다. 그런 확신이 있었기 때문에 베드로는 기꺼이 자신의 잘못과 수치를 숨김없이 드러내며 예수님

의 복음을 전했다. 마가복음에 나타난 베드로의 부정적인 모습은
복음서의 기록에 신뢰를 더한다.

그렇다면 마가복음 전체의 결론은 무엇일까?

예수께서 큰 소리를 지르시고 숨지시니라 이에 성소 휘장이 위로
부터 아래까지 찢어져 둘이 되니라 예수를 향하여 섰던 백부장이
그렇게 숨지심을 보고 이르되 이 사람은 진실로 하나님의 아들이
었도다 하더라(막 15:37-39).

앞서 살펴보았듯이 마가복음의 주제는 "예수님은 누구신가?"
다. 처음부터 제기되었던 이 물음에 대한 답이 드디어 등장한다.
십자가 밑에서 백부장이 말했다. "예수님은 누구신가? 하나님의

아들이시다." 사실 이 말은 1장 1절에서 이미 나왔다. 하지만 인간의 모든 말은 언제, 어떤 상황에서 하는가에 따라 그 가치와 의미가 완전히 바뀐다.

한 예로, "사랑해"라는 말의 의미도 그렇다. 어렵게 공부하는 가난한 고시생에게 이 말을 할 때와 고시에 막 합격한 사람에게 할 때 의미가 완전히 달라진다. "사랑해"라는 같은 말이지만, 상황에 따라서 그 의미와 무게가 판이하다. 마찬가지로 "믿습니다"라는 말도 모든 것이 풍족할 때와 고난당할 때 현격한 차이가 있다. 맥락을 떠난 명제 자체는 아무것도 아니다.

예수님이 능력으로 병을 고치셨다는 소문이 나기 시작하면, 예수님은 사람들에게 어떤 사람으로 인식될까? '병 고쳐 주는 사람'이다. 예수님이 병을 고치시는 분이라는 것은 맞다. 틀리지 않다. 하지만 그것이 중심이 되면 안 된다. 예수님은 본인의 치유 사역을 부정하진 않으셨다. 대신 "아무에게 아무 말도 하지 말라"고 하셨다. '병 고치시는 예수님'만 붙잡고 있지 않게 하시기 위함이다. 그것은 결국 예수님을 잘못 믿는 것이다.

심지어 "주는 그리스도시니이다"(막 8:29)라는 베드로의 고백도 그 자체로는 아무것도 아니다. 어떤 의미의 그리스도인가가 중요하다. 로마의 폭정에서 구해 주실 그리스도를 기다리는 정치적 메시아니즘은 빗나간 것이다. 왕이 되어 나를 출세하게 해 주실 그리스도를 욕망한다면 더욱 벗어난 것이다.

예수님이 '하나님의 아들'이시라는 말 역시 마찬가지다. 마가복음 15장에서 "예수님은 누구신가?"에 대한 답이 어디에서 주어졌는가? 십자가 밑이다. 병을 고치시거나 대중을 배불리 먹이신 기적의 현장이나 출세를 기대할 수 있는 자리가 아니다. 십자가 밑에서 백부장은 예수님을 향해 "진실로 하나님의 아들이었도다"라고 고백했다. 이것이 바로 하나님이 예수 그리스도를 보내신 목적을 가장 잘 담은 마가복음의 결론이다.

마가복음에 나오는 모든 사람이 다 헤맸다. 심지어 베드로조차 예수님의 마음을 제대로 알지 못한 나머지 십자가 고난을 만류하여 책망을 당했다. 하나님의 뜻은 십자가를 지고 인류의 죄를 대속해서 세상을 영원히 구원하실 그리스도를 보내시는 것이었다. 그런데 베드로는 예수님을 향해 그리스도라고 말은 하면서도 생각이 거기에 미치지 못했다. 이미 예수님이 수난을 세 차례나 예고하셨음에도 진지하게 받아들이지 못했음은 의외다. 내 속에 있는 욕망이 하나님의 말씀을 이긴 결과다. 내 인생을 빛나게 해 주실 메시아, 혹은 우리 민족을 일등 국가로 우뚝 서게 해 주실 그리스도 정도로 여겼던 것 같다.

1장 1절에서 "하나님의 아들 예수 그리스도의 복음의 시작이라"라는 말씀으로 예수님의 정체에 대해서 정답이 주어진 것 같지만, 그 진정한 의미는 아무도 모른 채 좌충우돌하며 마가복음은 흘러간다. "대체 예수님은 누구신가?"를 두고 사람들은 서로 갑론을박하며 때로는 굉장한 사람으로, 어떤 때는 이상한 사람으로 여기며 헤맨다. 그러다가 제일 마지막에 의외의 인물의 입에서 정답이 등장한다. 로마 군대의 장교인 백부장이 십자가 밑에서 예수님을 가리켜 "진실로 하나님의 아들이었도다"라고 고백한다. 마가복음 전체의 결론이다.

마가복음은 분명히 십자가 복음이다. 예수님의 33년 생애 중에 마지막 일주일 이야기를 3분의 1 이상의 분량으로 기록하고 있다. 처음부터 등장하는 '하늘의 찢어짐'과 '신성모독'이 십자가를 향해 달려간다.

간혹 마가복음의 예수님은 하나님 나라를 전하셨고, 바울서신은 십자가의 복음을 강조한다고 구분해서 설명하는 이들이 있다. 그렇지 않다. 마가복음과 바울서신 모두 하나님 나라를 중요하게 여긴다. 동시에 마가와 바울, 둘 다 철저하게 십자가 중심의 복음을 전했다. 십자가가 없으면 아무것도 아니다. 십자가는 절대로 놓칠 수 없는 복음의 핵심이다. 예수님에 대한 정확한 명제를 말하는 것이 중요한 게 아니다. '십자가 밑에서' 예수님을 하나님의 아들로 고백해야 한다. 그때 그 복음이 생명을 살리는 복음이 된다.

유대인은 표적을 구하고 헬라인은 지혜를 찾으나 우리는 십자가에 못 박힌 그리스도를 전하니 유대인에게는 거리끼는 것이요 이방인에게는 미련한 것이로되 오직 부르심을 받은 자들에게는 유대인이나 헬라인이나 그리스도는 하나님의 능력이요 하나님의 지혜니라(고전 1:22-24).

베드로가 전한 복음은 마가를 통해 복음서로 기록되었다. 바울은 여러 편지를 통해 복음을 전했다. 이렇듯 신약의 두 거두는 각자 다른 형식으로 예수님을 전했다. 하지만 중심은 똑같다. 바로 '십자가의 그리스도'다. 이 복음이 우리 삶의 중심이 되길 바란다. 이 복음은 우리 삶에, 또 교회의 사역에 든든한 기초가 될 것이다.

묵상과 나눔을 위한 질문

1 | 공관복음과 제4복음서(요한복음)는 어떤 점에서 같고, 어떤 점에서 다른가? 지금까지 막연히 알고 있던 점이 확연해진 내용이 있는가?

2 | 마가복음의 구조에 대해 말해 보자. 한 사람의 생애를 기록한 책이 마지막 일주일에 3분의 1을 할애했다면, 이 책의 관심에 대해 무엇을 알 수 있는가? 기독교의 가장 큰 명절이 성탄절이 아니라 부활절이라는 사실은 우리에게 무엇을 말해 주는가?

3 | 마가복음은 "하나님의 아들 예수 그리스도의 복음의 시작이라"(막 1:1)라는 말씀으로 시작한다. "예수님은 누구신가?", 즉 예수님의 정체가 마가복음의 주 관심사다. 주요 등장인물들이 이 질문 앞에 어떤 모습을 보이는가? 십자가는 마가복음의 절정이다. 여기에서 예수님의 정체가 어떻게 드러나는가?

4 | 마가복음에 나타난 복음을 자신의 말로 정리해 보자. 복음에 대한 이해가 얼마나 달라졌는가? 나의 개인적인 삶에, 또 우리 교회의 사역에 어떻게 복음이 나타나야 한다고 생각하는가?

2부

QUICK
TO LISTEN

복음서와 저자들

마태복음, 누가복음, 사도행전, 요한복음

1

마태복음

‘복음’이라는 말은 성경에서 크게 세 가

지 의미로 쓰인다.

첫째, 주후 27년경 예수님이 갈릴리 해변에서 전하신 ‘복음’이다.

요한이 잡힌 후 예수께서 갈릴리에 오셔서 하나님의 **복음**을 전파

하여 이르시되 때가 찼고 하나님의 나라가 가까이 왔으니 회개하

고 **복음**을 믿으라 하시더라(막 1:14-15).

둘째, 주후 50년경 바울이 쓴 편지에 등장하는 ‘복음’이다.

형제들아 내가 너희에게 전한 **복음**을 너희에게 알게 하노니 이는

너희가 받은 것이요 또 그 가운데 선 것이라 너희가 만일 내가 전한

그 말을 굳게 지키고 헛되이 믿지 아니하였으면 그로 말미암아 구

원을 받으리라 내가 받은 것을 먼저 너희에게 전하였노니 이는 성

경대로 그리스도께서 우리 죄를 위하여 죽으시고 장사 지낸 바 되셨다가 성경대로 사흘 만에 다시 살아나사(고전 15:1-4).

바울은 이 복음을 '전해 받았다.' 바울이 회심하기 훨씬 전, 아마도 예수님의 부활과 승천 직후에 이 말이 사용되기 시작했을 것이다. 즉 초대 교회가 전한 복음이다. 예수님이 전하셨던 복음과 조금 다르다. 예수님은 "하나님의 나라가 가까이 왔다"고 말씀하셨다. 바울이 전한 복음은 그 예수님의 죽음과 부활이 핵심이었다.

셋째, 주후 70년경 마가가 쓴 책의 첫머리에 나오는 '복음'이다.

하나님의 아들 예수 그리스도의 **복음**의 시작이라(막 1:1).

예수님의 십자가와 부활 중심으로 예수님의 이야기를 글로 쓰는 것을 '복음'이라 부르게 되었다. 그 첫 번째 작품이 마가복음이다. 마가는 3년간의 예수님의 사역을 갈릴리에서 출발해 예루살렘으로 가는 구조로 복음을 서술하는 방식을 제시했다.

마태복음의
구조

이러한 마가복음의 구조를 그대로 가져온 다른 두 공관복음이 바로 마태복음과 누가복음이다. 마태복음은 여기에 다섯 편의 설교를 더했다.

| 마태복음의 구조 |

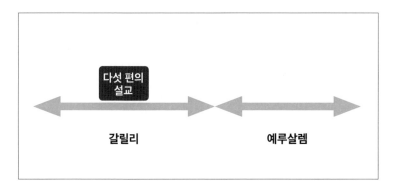

먼저 5-7장에는 '산상수훈', 10장에는 '제자 파송 설교', 13장에는 '천국 비유', 18장에는 '교회에 대한 설교', 마지막 24-25장에

는 '종말에 대한 설교'가 나온다. 이것이 마가복음과의 중요한 차이다.

그런데 설교의 개수가 왜 '다섯 개'일까? 이 질문은 예수님이 첫 번째 설교를 '산 위에 올라가서' 하신 것과 관련이 있다. 뿐만 아니라 예수님은 모세["옛 사람"(마 5:21, 33)]를 언급하셨다. 자연스럽게 이스라엘 역사 속 한 장면을 떠올리게 된다. 모세가 시내산에 오르는 장면이다. 그렇다면 마태복음 안에 예수님의 설교를 다섯 편 배치한 것은 모세오경을 의식한 것으로 볼 수 있다.

이렇듯 사복음서는 조금씩 다 다르다. 예를 들어 보자. 청년부 수련회에서 수백 장의 사진을 찍어 왔다. 이를 바탕으로 3분짜리 영상을 만들어 예배 시간에 보여 주기로 하고 네 명에게 각각 작업을 맡겼다. 그 결과가 어떨까? 다 다르다. 자기 혹은 볼 사람의 관심사에 따라 어떤 사람은 기도와 말씀을 중심으로, 다른 사람은 즐겁게 어울려 교제하는 모습 위주로, 누군가는 함께 먹는 음식에 초점을 맞추어 '편집'할 것이다.

21세기를 "편집의 시대"라 한다.[4] 같은 상품들이라도 백화점 내 어떻게 배치하고 진열하느냐에 따라 완전히 다른 느낌이 '창조'된다. 음식점의 메뉴판 역시 어떻게 음식을 분류할 것인가, 어떻게 배열할 것인가에 따라 고객의 선택을 다르게 유도할 수 있다. 메뉴판의 배열은 사장의 전략이나 셰프의 자부심, 해당 지역 고객들의 취향 등을 볼 수 있는 다양한 정보의 창이기도 하다. 한 단체의 홈페이지 편집은 그 조직의 가치를 잘 보여 주며, 포털의 뉴스 배치는 현대 한국 사회의 거대한 권력이기도 하다. 요는 같은 자료를 가지고 다르게 배열할 수 있다는 점이다.

이렇듯 21세기 들어서 부각된 편집의 중요성을 확인해 볼 수 있는 의외의 자리가 복음서다. 사복음서마다 차이가 있기 때문에 예수님의 모습을 풍성하게 알 수 있다. 마태복음의 관심은 가르치는 데 있다.

그러므로 너희는 가서 모든 민족을 제자로 삼아 아버지와 아들과 성령의 이름으로 세례를 베풀고 내가 너희에게 분부한 모든 것을 **가르쳐 지키게 하라** 볼지어다 내가 세상 끝 날까지 너희와 항상 함께 있으리라 하시니라(마 28:19-20).

이러한 예수님의 지상 명령을 수행하기 위해 마태복음 저자는 예수님의 다섯 편의 설교를 체계적으로 정리해서 독자들에게 가르쳤다. 복음서에 접근하는 가장 좋은 방법 중 하나는 저자가 '나는 왜 이 책을 쓰는가?'라고 생각했는지, '작가적 자의식'을 파악하는 것이다. 그럴 때 각 복음서의 차이를 잘 알고 읽을 수 있다. 마태복음의 저자는 자신을 선생, 가르치는 사람이라고 인식했다. 교회가 제대로 서려면 잘 가르치는 것이 중요하다고 생각했다.

교회의
복음

우리말에서 '교회'로 번역되는 단어의 원어는 '에클레시아'다. 교회의 탄생은 오순절 성령 강림에 의한 것이기에, 예수님이 살아 계실 때는 이 땅에 교회가 존재하지 않았다. 따라서 복음서에는 '교회'라는 단어가 나오지 않는 것이 자연스럽다. 마가복음, 누가복음, 요한복음에는 이 단어가 등장하지 않는데, 유독 마태복음에는 이 단어가 두 대목에서 등장한다. 한 대목은 예수님이 베드로에게 하신 말씀에 나온다.

또 내가 네게 이르노니 너는 베드로라 내가 이 반석 위에 내 교회를 세우리니 음부의 권세가 이기지 못하리라(마 16:18).

또 한 대목은 죄를 범한 교인을 권면하는 절차에 관한 것이다.

만일 그들의 말도 듣지 않거든 교회에 말하고 교회의 말도 듣지 않거든 이방인과 세리와 같이 여기라(마 18:17).

마태는 예수님의 말씀을 기록하면서도 자신의 시대, 교회 시대의 요구에 예민한 의식을 가지고 대답을 내놓으려 애쓴 것으로 보인다. 마태복음에만 나오는 구절 중에 이 말씀이 두드러진다.

이 모든 것을 깨달았느냐 하시니 대답하되 그러하오이다 예수께서 이르시되 그러므로 천국의 제자 된 서기관마다 마치 새것과 옛것을 그 곳간에서 내오는 집주인과 같으니라(마 13:51-52).

마태복음에 나오는 다섯 편의 설교 중 가운데 위치한, 즉 세 번째 설교 모음인 '천국 비유'의 결말에 나오는 말씀이다. '천국의 제자 된 서기관', 곧 '천국을 위해 훈련받은 서기관'(scribes trained for the kingdom of heaven)은 마태복음을 산출한 공동체의 자의식과 관련이 깊은 것 같다. 유대교에서도 서기관들은 "가르쳐 지키게"(마 28:20) 하는 일을 담당했다. 실제로 그들이 유대인 서기관 출신이었을 수도 있고, 유대교에서 서기관들이 하던 일을 담당한다는 의미에서 나온 표현일 수도 있다.

'옛것'과 '새것'은 무엇을 말하는 것일까? 구약 성경과 신약 성경의 말씀일 수 있다. 또 하나의 가능성은 예수님이 살아 계실 때 하신 말씀과 마태의 공동체에 해당되는 말씀을 가리킬 수도 있다. 10장에서 예수님은 열둘을 보내시면서 "이방인의 길로도 가지 말고 사마리아인의 고을에도 들어가지 말고 오히려 이스라엘 집의 잃어버린 양에게로 가라"(마 10:5-6)고 말씀하셨다. 그러나 부활 후에 예수님은 "가서 모든 민족을 제자로 삼으라"고 하셨다 (마 28:19). 모순되어 보이는 두 말씀을 어떻게 조화시킬 수 있는가? 유대인 우선주의와 이방 선교는 초대 교회에도 큰 과제였다.

마태는 예수님의 지상 사역 기간 동안 유대인에 우선하라는 '옛' 말씀을 보존하면서도, 예수님의 십자가와 부활로 근본적으로 바뀐 '새로운' 상황에서의 말씀도 함께 전하고 있다. 그런 점에서 전통과 변화를 함께 붙잡는 신중한 신학자의 모범이라 할 수 있다.

새 포도주를 낡은 가죽 부대에 넣지 아니하나니 그렇게 하면 부대
가 터져 포도주도 쏟아지고 부대도 버리게 됨이라 새 포도주는 새
부대에 넣어야 둘이 다 보전되느니라(마 9:17).

마태는 '새것'과 '옛것', '둘이 다 보전'되는 데 관심이 있다.

예수님은
어디에 계신가?

마태복음의 가장 중요한 주제는 "임마누엘"이다.

보라 처녀가 잉태하여 아들을 낳을 것이요 그의 이름은 임마누엘
이라 하리라 하셨으니 이를 번역한즉 하나님이 우리와 함께 계시
다 함이라(마 1:23).

'예수'라는 이름이 있는데 '임마누엘'이라는 이름을 다시 말한다. 임마누엘이란 '하나님이 우리와 함께 계시다'라는 뜻이다. 그리고 마태복음의 마지막 구절인 28장 20절에 "볼지어다 내가 세상 끝 날까지 너희와 항상 함께 있으리라"라는 임마누엘 메시지가 다시 나온다. 또한 중간인 18장 20절에도 "두세 사람이 내 이름으로 모인 곳에는 나도 그들 중에 있느니라"라는 말씀이 기록되어 있다. 마태가 가장 강조하고 싶은 메시지는 예수님이 우리 가운데, 특별히 우리 공동체 가운데 '함께 계신다'는 것이다.

누가복음의 경우, 가장 마지막에 예수님의 승천 이야기가 나온다. 그리고 승천 후에 어떤 일이 일어났는지는 사도행전에서 이어서 보여 준다. 누가복음과 사도행전의 제일 중요한 주제는 "예수님은 승천하셔서 하늘에 계신다. 그리고 지금은 성령이 일하시는 교회의 시대다"라는 것이다. 반면, 마태복음에는 예수님의 승천이 나오지 않는다. 이유가 무엇일까? 마태가 예수님의 승천을 몰라서일까? 그렇지는 않은 것 같다. 마태는 예수님이 하늘로 올라가셨다는 사실을 아쉬워할 필요가 없다고 강조하는 듯 보인다. 왜냐하면 예수님은 오늘 함께 계시는 임마누엘이시기 때문이다.

누가는 예수님이 하늘에 올라가서 이미 승리하셨고 교회의 사역을 통해서 온 세상을 다스리심을 강조했다. 마태는 그것보다 우리 공동체 가운데 예수님이 함께하신다는 사실을 더욱 주목하며 가르쳤다. 무엇이 맞을까? 둘 다 맞다. 교회학교 아동부 아이들 사이에서 종종 논쟁이 벌어진다. "예수님은 하늘에 계신다"고 하는 아이들과 "예수님은 우리 마음에 계신다"고 하는 아이들의 대결이다. 선생님은 둘 다 맞다고 한다!

각 복음서를 비교할 때 저자의 자기 이해와 예수님이 계신 곳에 대한 견해를 비교해 보면 특징을 파악할 수 있어 무척 흥미롭다. 이런 점에서 마가복음은 묘하고 심오하다.

청년이 이르되 놀라지 말라 너희가 십자가에 못 박히신 나사렛 예수를 찾는구나 그가 살아나셨고 여기 계시지 아니하니라 보라 그를 두었던 곳이니라(막 16:6).

예수님의 무덤을 찾아온 세 여인에게 천사(청년)는 예수님이 "여기 계시지 아니하니라"라고 말했다. 이에 대한 여인들의 반응을 이어지는 8절은 이렇게 기록한다.

여자들이 몹시 놀라 떨며 나와 무덤에서 도망하고 무서워하여 아무에게 아무 말도 하지 못하더라(막 16:8).

권위를 인정받는 마가복음의 대다수 사본은 이 대목에서 끝난다. 충격적인 결말이다. 이 결말이 의도하는 바는 분명하다. 예수님이 안 계신다는 뜻이다. 마가복음에는 예수님이 십자가 위에서 하신 일곱 개의 말씀, '가상칠언' 중 단 한 개만 나온다. 바로 "나의 하나님, 나의 하나님 어찌하여 나를 버리셨나이까"(막 15:34)이다. 예수님의 그 십자가 현장에 하나님이 계시지 않았다는 토로다. 정확하게 말하면, 그 순간 하나님의 계심이 느껴지지 않았다는 말이다.

마가복음에 아주 인상적인 장면이 있다. 예수님이 배를 타고 가시다가 주무신 사건이다. 예수님이 분명 제자들과 함께 계시긴 한데, 안 계신 것 같은 상황이다(막 4:35-38). 즉 마가복음은 이런 문제를 제기한다. 살아가면서 인생의 풍랑을 만나 어려움을 당할 때 예수님이 계시지 않은 것같이 느껴진다. 그 순간은 신앙으로 씨름해야 하는 아주 중요한 경험이다.

잊지 말아야 할 점은 "나의 하나님, 나의 하나님 어찌하여 나를 버리셨나이까"라고 말씀하시는 예수님 본인이 바로 하나님이

시라는 사실이다. 예수님은 우리 가운데 오셔서 하나님의 부재를 경험하셨다.

하나님이신 그분이 우리처럼 하나님의 부재를 경험하셨다는 것은 역설적으로, 우리가 하나님이 계시지 않은 것처럼 느끼는 그 순간에도 하나님은 계신다는 사실을 보여 준다. 부재의 경험이 오히려 강력한 임재의 경험이 되는(presence in absence) 역설이다. 어머니가 집에 있을 때는 그 존재에 대해 별 의식이 없다가도, 막상 어디 떠나고 없으면 어머니에 대해 더 자주 생각하게 되는 것과 비슷한 이치라 할 수 있을까? 마가복음은 가장 짧고 단순해 보이지만 곱씹어 볼수록 심오한 제자도를 가르치는, 신앙의 깊이를 요구하는 책이다.

정리하자면, "예수님은 어디 계신가?"라는 질문에 누가복음은 하늘에, 마태복음은 우리 공동체 안에 생생하게 현존하신다는 것을 강조한다. 반면, 마가복음은 우리 삶에 예수님이 계시지 않은 것 같은 순간을 주목한다. 그 고통을 씨름하고 받아들이며, 그 가운데 하나님을 어떻게 고백할 것인가에 따라 하나님을 깊이 경험할 수 있다는 가르침을 주고 있다.

2

누가복음

누가복음은 그레코 로만(Greco-Roman, 그리스와 로마)의 일반 역사서와 비슷한 공식적인 서문을 갖고 있다.

우리 중에 이루어진 사실에 대하여 처음부터 목격자와 말씀의 일꾼 된 자들이 전하여 준 그대로 내력을 저술하려고 붓을 든 사람이 많은지라 그 모든 일을 근원부터 자세히 미루어 살핀 나도 데오빌로 각하에게 차례대로 써 보내는 것이 좋은 줄 알았노니 이는 각하가 알고 있는 바를 더 확실하게 하려 함이로라(눅 1:1-4).

1부에서 언급했듯이 '데오빌로 각하'라고 한 것을 볼 때 상당한 지위와 식견을 갖춘 사람이 독자인 것으로 보인다. '데오빌로'는 '테오필로스', 즉 '하나님의 친구'라는 뜻이다. 개인의 실명일 수도 있고, 그리스도인을 상징하는 단어일 가능성도 있다. 사도행전 역시 같은 사람을 위해 쓰인, 누가복음의 2편에 해당하는 책이다. 누가는 이 복음서가 자신이 세밀하게 탐구한 결과라고 한다. '역사의 아버지'라 불리는 헤로도토스(Herodotos)가 쓴 《역사》의 서문을 생각하게 한다. 이 서문에서 헤로도토스는 자신이 그리스-페르시아 전쟁을 '탐구'했다며 책을 시작하는데, '탐구'라는 그리스어에서 오늘날의 'history'(역사)라는 말이 나왔다. 누가는 자신을 역사가로 생각한 듯하다.

디베료 황제가 통치한 지 열다섯 해 곧 본디오 빌라도가 유대의 총독으로, 헤롯이 갈릴리의 분봉왕으로, 그 동생 빌립이 이두래와 드라고닛 지방의 분봉왕으로, 루사니아가 아빌레네의 분봉왕으로, 안나스와 가야바가 대제사장으로 있을 때에 하나님의 말씀이 빈 들에서 사가랴의 아들 요한에게 임한지라(눅 3:1-2).

예수 사건이 발생한 당시의 통치자들에 대하여 이렇게 자세한 정보를 주는 복음서는 누가복음뿐이다(눅 1:1-2, 2:1 참조).

우리 중에 '이루어진'(fulfilled)이라는 말은 단순히 '발생한'(happened)이라는 말과 다르다. 구약 성경에 기록된 하나님의 약속이 성취된 결과가 누가가 기술할 내용이라는 인식이 담겨 있다. 누가복음 본문의 시작은 사무엘상의 시작을 연상하게 하는 문장 구조를 갖고 있다.

유대 왕 헤롯 때에 아비야 반열에 제사장 한 사람이 있었으니 이름은 사가랴요 그의 아내는 아론의 자손이니 이름은 엘리사벳이라(눅 1:5).

에브라임 산지 라마다임소빔에 에브라임 사람 엘가나라 하는 사람이 있었으니 그는 여로함의 아들이요 엘리후의 손자요 도후의 증손이요 숩의 현손이더라(삼상 1:1).

사무엘상의 서두는 열왕기하에 이르는 길고 유명한 이야기의 첫 문장이기에 웬만한 유대인들은 외우고 있는 문장이었다. 누가는 의도적으로 같은 구조의 문장으로 시작하면서 자신이 전하는 이야기가 구약 역사의 성취임을 강조하고 있다. 이렇듯 누가복음은 처음부터 그레코 로만의 문화와 유대의 전통을 잘 결합해 내고 있다.

누가복음의
구조와 주제

누가복음은 구조적으로 갈릴리에서 출발해서 예루살렘으로 향하는 마가복음의 구조를 그대로 따르고 있다. 그러나 예수님이 예루살렘을 향해서 출발하시는 장면이 9장에 나오고, 예루살렘에 도착해 입성하시는 장면이 19장에 나온다. 다른 복음서에 비하면 예수님이 갈릴리에서 예루살렘으로 가시는 여정이 길게 기록되어 있는 것이 특징이다.

공관복음의 구조를 각각 다음과 같이 정리할 수 있다.

| 마가복음의 구조: 갈릴리 - 예루살렘 |

갈릴리　　　　　예루살렘

| 마태복음의 구조: 갈릴리(다섯 편의 설교) - 예루살렘 |

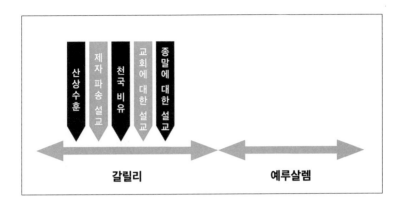

| 누가복음의 구조: 갈릴리 - 여정 - 예루살렘 |

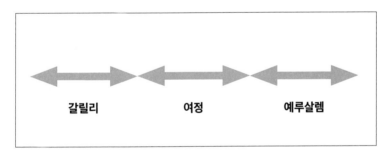

누가복음의 이 여정 가운데 많은 사건과 말씀이 등장한다. 따라서 예수님이 예루살렘에 들어가시기 직전의 사건은 오랜 여정이 끝나는, 구조적으로 관심이 집중될 수밖에 없는 대목이다. 이

대목에 누가복음에만 나오는 기사, 즉 예수님이 여리고에서 삭개오를 만나신 사건이 나온다. 삭개오 이야기는 이런 결론을 내린다.

예수께서 이르시되 오늘 구원이 이 집에 이르렀으니 이 사람도 아브라함의 자손임이로다 인자가 온 것은 잃어버린 자를 찾아 구원하려 함이니라(눅 19:9-10).

여기서 알 수 있듯이 누가복음의 압도적 관심은 '잃어버린 자를 찾아 구원하러 오신 예수님'에게 있다.

누가복음에서 가장 인상적이며 유명한 장이 15장이다. 여기에는 세 가지 비유가 나온다. '잃은 양을 찾은 목자', '잃은 은전을 찾은 여인', '잃은 아들을 찾은 아버지'의 이야기다. 이 중에서 잃은 양 비유만 마태복음에 나올 뿐 나머지 두 비유는 누가복음에만 담겨 있다. 같은 주제의 이야기를 세 개나 연이어 기록한 것은 누가의 관심이 잃은 자를 향한 하나님의 마음을 전하는 데 있음을 알려 준다.

잃은 양과 잃은 은전의 비유는 쌍둥이 비유라고 할 정도로 비숫한 구조를 갖고 있다. 인상적인 것은 목자는 남성, 은전을 찾는 이는 여성이라는 점이다. 하나님을 상징하는 것이 분명한 위치에 여성을 놓은 것은 여성에 대한 누가의 관심을 보여 준다. 우리는 모두 남성인 열두 제자의 이미지에 익숙하다. 신학교 수업 때 "선 오브 갓"(Son of God, 2014)이라는 영화를 보여 주면, 예수님과 동행하는 이들 중에 여성 제자로 보이는 이가 있어 놀라거나 불편해하는 학생들이 있었다. 사실과 다르게 알고 있기 때문이다. 다음 말씀을 보자.

그 후에 예수께서 각 성과 마을에 두루 다니시며 하나님의 나라를 선포하시며 그 복음을 전하실새 열두 제자가 함께하였고 또한 악귀를 쫓아내심과 병 고침을 받은 어떤 여자들 곧 일곱 귀신이 나간 자 막달라인이라 하는 마리아와 헤롯의 청지기 구사의 아내 요안나와 수산나와 다른 여러 여자가 함께하여 자기들의 소유로 그들을 섬기더라(눅 8:1-3).

예수님의 일행에 동행하며 사역을 도운 여성 제자에 대한 기록은 정경에서는 누가복음에만 나온다. 어느 쪽이 사실일까? 누가가 없는 이야기를 꾸며서 넣었다고 보기는 힘들다. 다른 복음서들이 생략한 것이라고 보아야 한다. 왜일까? 당시의 문화에서 여성이 스승의 일행에 동행하는 것은 대단히 불편하고 또 여러 구설에 오르내릴 수 있는 일이었다. 그럼에도 예수님의 일행에 여성이 있었다는 사실은 대단한 파격이었다. 이런 파격은 초대 교회에 한편으로는 자긍심이기도 했지만, 한편으로는 부담이었을 것이다.

복음서들은 예수님의 공생애 후 40년 정도 지나 기록된 책들이다. 그동안 역사적 예수 시기의 파격성이 어느 정도 완화되었으리라 짐작할 수 있다. 예수님의 이야기를 쓰면서 논란이나 부담이 될 만한 부분, 그러면서 저자가 보기에 본질이 아니라고 생각한 부분은 생략했을 가능성이 있다. 누가는 예수님에게 여성 제자가 있었다는 사실이 복음의 본질에 해당한다고 본 것이다. 예수님의 탄생 이야기도 마태복음에서는 요셉이, 누가복음에서는 마리아가 주도적인 역할을 차지한다. 누가복음에만 나오는 엘리사벳과 여선지자 안나의 이야기도 인상적이다.

복음서가 대체로 그렇지만, 누가는 특별히 가난한 자들에게 관심을 기울인다. 거지 나사로의 이야기는 누가복음에만 나오며,

누가복음의 예수님은 "가난한 자는 복이 있나니"(눅 6:20)라고 직설적으로 말씀하신다. "심령이 가난한 자는 복이 있나니"(마 5:3)라는 마태복음 말씀과 차이가 있다. 사도행전이 가난한 자들의 구제나 소유를 함께 나누는 일을 중요하게 보도하는 것도 같은 맥락이다.

누가만 보도하고 있는 중요한 사건 하나는 예수님의 공적 사역의 시작을 알리는, 출사표라 할 수 있는 가버나움에서의 설교다.

선지자 이사야의 글을 드리거늘 책을 펴서 이렇게 기록된 데를 찾으시니 곧 주의 성령이 내게 임하셨으니 이는 가난한 자에게 복음을 전하게 하시려고 내게 기름을 부으시고 나를 보내사 포로 된 자에게 자유를, 눈먼 자에게 다시 보게 함을 전파하며 눌린 자를 자유롭게 하고 주의 은혜의 해를 전파하게 하려 하심이라 하였더라 책을 덮어 그 맡은 자에게 주시고 앉으시니 회당에 있는 자들이 다 주목하여 보더라 이에 예수께서 그들에게 말씀하시되 이 글이 오늘 너희 귀에 응하였느니라 하시니(눅 4:17-21).

"가난한 자에게 복음을"이라는 말씀은 예수님의 분명한 사명 선언이다. 예수님의 사역이 구약의 성취라는 누가의 강조점도 계속해서 볼 수 있다. 또한 예수님의 사역이 성령에 의해서 시작되었다는 것도 중요한 강조점이다. 누가는 특별히 성령과 기도를 강조하는데, 누가복음을 읽으면서 이 점을 유념한다면 풍성한 은혜를 누릴 수 있을 것이다.

너희가 악한 자라도 좋은 것으로 자식에게 줄 줄 알거든 하물며 하늘에 계신 너희 아버지께서 구하는 자에게 **좋은 것으로** 주시지 않겠느냐(마 7:11).

너희가 악할지라도 좋은 것을 자식에게 줄 줄 알거든 하물며 너희 하늘 아버지께서 구하는 자에게 **성령을** 주시지 않겠느냐 하시니라(눅 11:13).

3

사도행전

사도행전은 흥미진진한 책이다. 숱한 기적들과 감옥에서의 탈출, 대규모 군사 작전, 광주리에 매달려서 성을 탈출하는 장면, 긴 바다 여행과 난파선에서 살아남는 이야기 등이 박진감 있게 펼쳐진다. 리처드 퍼보(Richard I. Pervo)라는 학자는 "즐거움과 함께 유익을"(Profit with Delight)이라는 말로 사도행전을 설명하는 책을 썼다. [5] 흥미 있는 이야기를 통해서 독자들에게 교훈을 주는 책이라는 뜻이다.

사도행전은 그리스도의 승천으로 시작해서 초반에 이상적인 초대 교회의 모습을 보여 준다.

사람마다 두려워하는데 사도들로 말미암아 기사와 표적이 많이 나타나니 믿는 사람이 다 함께 있어 모든 물건을 서로 통용하고 또 재산과 소유를 팔아 각 사람의 필요를 따라 나눠 주며 날마다 마음을 같이하여 성전에 모이기를 힘쓰고 집에서 떡을 떼며 기쁨과 순전한 마음으로 음식을 먹고 하나님을 찬미하며 또 온 백성에게 칭송을 받으니 주께서 구원받는 사람을 날마다 더하게 하시니라(행 2:43-47).

핍박이 닥쳤지만 교회는 당당하게 이겨 냈다. 오히려 "그 이름을 위하여 능욕받는 일에 합당한 자로 여기심을 기뻐"(행 5:41)했다. "나로 말미암아 박해받을 때는 기뻐하고 즐거워하라"(마 5:11-12 참조)라는 예수님의 말씀이 그대로 성취된 것이다.

혹독한 시련은 내부에서 생겨났다. 아나니아와 삽비라 부부가 하나님을 속이는 일이 있었고(행 5장), 교회에서 재정적 도움을 받는 이들 사이의 불공정 문제로 시비가 일어났다(행 6장). 더 이상 교회는 초기의 이상적인 모습이 아니었다. 그러나 이러한 시련들을 통해서 교회에 새로운 사람들이 세워지고 조직이 갖추어졌다. 이때 세워진 사람들 중에 스데반이라는 사역자가 있는데, 그가 순교하면서 대대적인 박해가 일어났고 성도들이 "유대와 사마리아 모든 땅으로 흩어"(행 8:1)졌다. "예루살렘과 온 유대와 사마리아와 땅끝까지 이르러 내 증인이 되리라"(행 1:8)라는 예수님의 말씀이 박해라는 외부적인 요인에 의해 이루어진 것이다.

그 후에 선교는 본격적으로 이방 세계로 뻗어 나갔다. "유대 땅에서 출발한 복음이 어떻게 세계를 향해 가게 되었는가?"가 사도행전의 주 내용이다. 중요한 질문은 "누가가 처음부터 누가-행전의 2부작을 의도했는가, 혹은 누가복음을 쓰고 나서 필요를 느껴서[독자의 요청에 의해서(?)] 다시 붓을 들게 되었는가?" 하는 것이다.

아기 예수님은 할례를 받으러 성전에 가셨을 때 시므온이라는 선지자를 만나셨다. 이때 시므온은 이런 예언을 했다.

내 눈이 주의 구원을 보았사오니 이는 만민 앞에 예비하신 것이요 이방을 비추는 빛이요 주의 백성 이스라엘의 영광이니이다 하니(눅 2:30-32).

누가복음은 처음부터 이방 선교라는 방향을 분명히 하고 있다. 이런 점에서 누가복음과 사도행전은 처음부터 기획된 2부작이라고 할 수 있다. 누가복음을 읽으면서 이방인을 향한 하나님의 마음과 잃은 자에 대한 관심이 어떻게 조화되어 있는지를 보는 것은 흥미로운 주제다. '이방인을 위한 선교'라는 결론을 풀어 가는 과정에서 마태복음과 누가복음이 어떻게 차이를 보이는지 역시 매력적인 주제다. 성경은 질문을 가지고, 중요한 주제가 무엇인지를 알고 그 시각을 염두에 두면서 읽을 때 더 풍성하게 다가온다.

성령이
하신 일

사도행전에서는 사역자들이 준비되어 있지 않은 상태에서 성령
이 선교의 영역을 확장해 나가시는 것이 인상적이다. 이를테면
베드로는 전혀 준비되어 있지 않은 상태에서 로마 군대 백부장의
집에 가서 전도했고, 그 후에야 하나님의 인도하심을 깨달았다(행
10:34-35). 12장에서는 베드로가 옥에 갇혀서 처형을 앞두고 있는
상황에서 극적으로 구출되는 사건이 일어났다.

이에 첫째와 둘째 파수를 지나 시내로 통한 쇠문에 이르니 문이 저
절로 열리는지라 나와서 한 거리를 지나매 천사가 곧 떠나더라 이
에 베드로가 정신이 들어 이르되 내가 이제야 참으로 주께서 그의
천사를 보내어 나를 헤롯의 손과 유대 백성의 모든 기대에서 벗어

나게 하신 줄 알겠노라 하여(행 12:10-11).

잠자는 베드로를 천사가 깨워 쇠사슬이 벗어지게 하고, 띠를 띠고 신을 신고 겉옷을 입게 했다. 그리고 파수꾼들을 두 번이나 지나 바깥 거리로 나왔을 때에야 베드로는 정신이 들어 하나님의 일하심을 알게 되었다. 이것은 사도행전 전체의 흐름을 보여 주는 상징적인 장면이다. 성령이 앞서 나가시면서 역동적으로 일하시고, 사람들은 한참 지나고 나서야 바뀐 상황을 알게 되는 것이다. 이방 선교는 그 누구의 주도, 어떤 조직의 결정도 아닌 성령이 하신 일이다. 그래서 사도행전을 '성령행전'이라고도 한다. 사람들은 상황이 분명해지고 나서 뒷북치며 따라간다. 사실 뒷북만 잘 쳐도 다행이다! 필자는 신학교에서 사도행전을 가르치면서 '뒷북행전'이라 설명하기를 즐겼다.

이 사건 이후로는 초점이 베드로에서 바울에게로 옮겨 간다. 바울의 많은 전도 여행과 교회 개척, 마지막 로마로의 여행을 보도하며 사도행전은 끝을 맺는다. 그중에 바울이 다메섹에서 예수님을 만난 이야기가 세 번이나 나오는 것이 인상적이다. 바울은 하나님이 한 사람을 만나 주시고 변화시키셔서 하나님의 그릇으로 사용하신 예로 제시되고 있다. 사도행전은 로마에 도착한 바울의 사역을 보도하면서 이렇게 끝을 맺는다.

바울이 온 이태를 자기 셋집에 머물면서 자기에게 오는 사람을 다 영접하고 하나님의 나라를 전파하며 주 예수 그리스도에 관한 모든 것을 담대하게 거침없이 가르치더라(행 28:30-31).

지금까지 바울의 여정을 따라오던 독자들에게 궁금증을 남겨 놓은 채 사도행전은 끝난다. 바울은 어떻게 되었을까? 로마에서 생을 마쳤을까, 아니면 계획했던 스페인 선교를 떠났을까?

사도행전이 바울의 행적에 대하여 끝까지 보도하지 않는 것은 사도행전의 주인공이 바울이 아니라는 점을 보여 준다. 개인 바울이 어디까지 가든, 어디서 멈추든 하나님 나라의 복음은 멈추지 않고 선포될 것이고, 세계를 향해 나아갈 것이고, 하나님 나라 승리의 행진은 계속될 것이다. 우리는 똑같은 시각을 바울의 목소리를 통해서도 들을 수 있다.

복음으로 말미암아 내가 죄인과 같이 매이는 데까지 고난을 받았으나 하나님의 말씀은 매이지 아니하니라(딤후 2:9).

정경 복음서와
도마복음의 차이

복음서는 네 개만 있지 않고 베드로복음, 안드레복음을 비롯해 예수님의 유년기에 대한 복음서가 많이 있다. 그중 하나가 도마복음이다. 몇몇 사람들은 도마복음이 사복음서보다 예수님의 본래 정신을 잘 보여 주는 훨씬 더 중요한 복음서라고 주장한다.

도마복음은 1945년 이집트의 나그함마디에서 발견된 문서 중에 하나다. 서문에 도마가 썼다고 기록되어 있다. 사복음서와 달리 예수님의 일생에 대한 전기적 내용이 아니라 어록들로 이루어져 있다. 이것이 정경 복음서와의 가장 중요한 차이다.

요한복음 1장 14절에는 이렇게 기록되어 있다.

말씀이 육신이 되어 우리 가운데 거하시매 우리가 그의 영광을 보니 아버지의 독생자의 영광이요 은혜와 진리가 충만하더라(요 1:14).

예수님의 복음은 '말씀'만이 아니라 그분의 '삶'으로 증언된다. 예수님은 가난한 사람들을 불쌍히 여기시고, 병든 자를 고치시고, 세리와 죄인들과 함께 밥을 먹으시고, 마침내 십자가에서 돌아가시고 부활하셨다. 이런 주님의 삶 전체가 복음이지, 예수님의 말씀만 뽑아서 복음이 될 수 없다. 이것은 기독교 신앙의 중요한 핵심이다. 누구나 말과 실제 삶은 다르다. 그 말씀이 육신이 된 삶을 이야기하지 않고 어떤 말이 주는 지혜나 지식만을 가지고 인간이 구원받을 수 있다고 생각하는 것은 기독교의 복음이 아니다. '지식에 의한 구원'은 '영지주의자'라 불리는 이들의 생각이다. 교회는 이들을 이단으로 규정하고 경계했다.

도마복음의 첫 번째 말씀을 보자.

말씀 1: "이 말의 뜻을 깨닫는 이는 결코 죽음을 맛보지 않을 것입니다."

이 말씀만 보아도 '영지주의'라는 사조에 대한 감이 올 것이다. 정경 복음서와 또 다른 차이점이 있다.

말씀 13: "예수가 그의 제자들에게 말했다. 내가 누구와 같은지 비교하고 내게 말하라. 시몬 베드로가 그에게 말했다. 당신은 거룩한 천사와 같습니다. 마태가 그에게 말했다. 당신은 현인과 철인 같습니다. 도마가 그에게 말했다. 선생님, 내 얼굴은 당시 누구와 같은가를 전혀 파악할 수 없어서 나는 그것을 표현할 수가 없습니다. 예수가 말했다. 나는 네 선생이 아니다. 너는 마시고 있었기 때문이다. 너는 내게 속하고 내가 널리 퍼뜨린 넘치는 샘에 도취되어 있다. 그다음에 그는 그를 잡아 그 옆에 끌어당겨 그에게 세 마디 말을 하였다. 도마가 그의 동료들에게 돌아왔을 때, 그들은 그에게 물었다. 예수가 너에게 무어라고 말했는가? 도마가 대답하였다. 만일 내가 너희에게 그가 내게 한 말들 중 한 마디를 말한다면 너희는 돌들을 들어서 내게 던질 것이다. 그러면 불이 돌들로부터 나와서 너희를 태워 버릴 것이다."

도마복음에서는 도마는 예외적으로 탁월하게, 다른 제자들은 모두 어리석게 묘사한다. 도마를 추종하는 사람들이 썼을 가능성이 많다. 우리는 앞서 마가복음이 '마가의 복음'이 아닌 '마가에 의한 복음'이라는 점이 중요하다고 했다. '베드로가 전한 복음서'인

마가복음을 보면 베드로에 대해 부정적으로 묘사되어 있다. 심지어 베드로는 예수님께로부터 "사탄아 내 뒤로 물러가라"(막 8:33)라는 말씀까지 들었다. 마가복음은 베드로의 복음도, 마가의 복음도 아닌 '(마가에 의한) 예수님의 복음'이 된다. 그런 점에서 보면 정경 복음서가 얼마나 예수님 중심으로 되어 있는지, 그 중심성을 유지하기 위해 전하는 사람들이 얼마나 철저히 노력하고 있는지를 알 수 있다.

이런 점에서 도마복음은 다르다. 도마 스스로가 중심에 서는 '도마의 복음'이라고 할 수 있다. 도마 한 사람을 높이는 데 관심을 가져 예수님도 주변으로 밀려나시는 느낌이 들 정도다. 자신을 낮추고 예수님을 높이는 것이 그리스도의 제자의 품격이라 한다면, 자신에게 관심을 집중시킨다는 점에서 도마복음은 격이 떨어지는 책이라 할 수 있다.

이는 오늘의 말씀 사역자들에게도 무거운 도전을 준다. 누가는 자신을 가리켜 '말씀의 일꾼'이라고 했다(눅 1:2). 우리는 일꾼의 품격을 어디에서 찾는가? 혹 자신이나 자신의 교회가 중심을 차지하는 일에 관심이 집중되어 예수님은 어느새 주변으로 밀려나 계시지는 않는가?

4

요한복음

사복음서 중에 도마복음과 비슷한 경향을 보이는 복음서가 하나 있다. 요한복음이다. 요한복음에 '예수께서 사랑하시던 제자'라는 말이 나온다. 많은 사람이 베드로를 예수님의 수제자로 생각하고 있다. 공관복음을 보면 베드로가 중심인물임이 틀림없다. 특히 마태복음에서 예수님은 베드로에게 '천국 열쇠'까지 수여하셨다(마 16:19). 그런데 요한복음을 보면, 최후의 만찬 자리에서 예수님이 "너희 중 하나가 나를 팔리라"(요 13:21)라고 말씀하시자 베드로가 직접 예수님께 그가 누구인지 묻지 않았다.

예수의 제자 중 하나 곧 그가 사랑하시는 자가 예수의 품에 의지하여 누웠는지라 시몬 베드로가 머릿짓을 하여 말하되 말씀하신 자가 누구인지 말하라 하니 그가 예수의 가슴에 그대로 의지하여 말하되 주여 누구니이까(요 13:23-25).

베드로는 예수님이 아닌 그분의 사랑을 받는 다른 제자에게 눈짓을 하며 물어보라고 시켰다. 그 제자는 예수님과 각별하기 때문에 쉽게 답을 들을 수 있다는 점이 전제되어 있다. 그 제자는 베드로와는 비교도 안 될 정도로 예수님을 잘 알고, 매우 가까웠고, 특별한 사랑을 받았다.

심지어 그 제자는 예수님이 부활하신 후 주님의 무덤으로 달려갈 때도 먼저 도착했다. 그러나 무덤 안에서 무슨 일이 일어났는지 구부려 보기만 하고 들어가지는 않았다. 고령인 베드로에 대한 배려로 볼 수도 있고, 굳이 들어가 보지 않고도 무슨 일이 일어났는지 아는 듯한 인상을 준다. 허겁지겁 달려왔지만 늦게 도착한 베드로는 무덤 안으로 달려 들어갔다. 이런 베드로의 모습은 예수께서 사랑하시던 그 제자보다 영적인 지각에 있어서 떨어진다는 인상을 전달한다.

이러한 모습은 21장에서도 확인할 수 있다. 부활하신 예수님이 다시 디베랴 호숫가에 나타나시는 장면이다. 그때 다른 사람들은 못 알아봤지만 예수께서 사랑하시던 제자는 "주님이시라"(요 21:7)라고 말했다. 베드로는 이번에도 늦었다. 그 제자가 "주님이시라"라고 말하자 베드로는 겉옷을 두르고 물에 뛰어들었다. 지각에서는 늦지만 행동에서는 적극적인 모습, 무덤 속이든 물속이든 바로 몸을 던지는 베드로의 모습이 인상적이다.

요한복음은 예수께서 사랑하시던 제자를 일관되게 긍정적으로 묘사한다. 베드로와의 비교는 그를 더욱 돋보이게 한다. 이런 점에서 요한복음은 도마복음과 비슷한 경향이 있다. 한 제자를 높이기 위해 다른 제자들의 체신을 깎아내리는 일을 서슴지 않는 경향이 확연하다. 그렇다면 이 복음서는 다른 정경 복음서와는 달리 외경으로 분류된 도마복음과 비슷한 면이 있다고 볼 수 있다.

그러나 정경인 제4복음서가 외경인 도마복음과는 다른 점이 있다. 예수께서 사랑하시던 제자의 이름을 밝히지 않고 있는 것이다. 성경에 '요한복음'이라는 표제가 붙은 것은 후대의 손길이다. 제4복음서의 본문은 요한이 저자라고 말하지 않는다. 예수께서 사랑하시던 제자라고만 하지 그 정체에 대해서는 철저히 함구한다. 우리는 그가 누구인지 모른다.

왜 이 복음서는 저자를 익명으로 쓰고 있을까? 글을 써 내려가면서 이름을 밝히고 쓰는 것이 훨씬 쉽다. 이 사람이 누구인지를 모르는 것도 아니다. 그런데도 군이 감추면서 쓰고 있다. 성경의 어느 책이 저자를 익명으로 할 때는 그 의도를 존중해 줘야

하지 않을까?

만약 그 저자의 이름을 밝히면서 썼다고 가정해 보자. 요한이라고 가정하면, 요한이 베드로보다 훨씬 더 뛰어나다는 점을 노골적으로 내세우게 된다. 그렇다면 도마복음과 비슷한 격으로 떨어지지 않을까? 결국 제4복음서는 도마복음이 향하는 방향, 즉 다른 인물을 낮추고 한 인물을 높이는 쪽으로 가고 있기는 하나, 결정적인 대목에서 멈춘다. 저자를 익명으로 처리하는 이 절제가 네 번째 복음서를 정경 안에 들어올 수 있게 했다고 필자는 추정한다. 저명한 신약학자 게르트 타이쎈(Gerd Theissen)은 이 저자가 성경의 권위를 상징한다고 주장한다.[6] 요한복음의 마지막 대목이다.

이 일들을 증언하고 이 일들을 기록한 제자가 이 사람이라 우리는 그의 증언이 참된 줄 아노라 예수께서 행하신 일이 이외에도 많으니 만일 낱낱이 기록된다면 이 세상이라도 이 기록된 책을 두기에 부족할 줄 아노라(요 21:24-25).

요한복음 저자는 예수께서 사랑하시던 그 제자에 줄곧 집중 조명을 비추고, "그가 누구일까?", "그가 어떤 삶을 살 것인가?" 하는 궁금증과 기대를 한껏 올린 상태에서, 그 모든 무게를 지금 쓰고 있는 이 복음서에 싣는다. 그래서 이 제자의 매력과 권위는 그가 전하는 복음서의 권위로 옮겨진다. 베드로는 제도 교회를 대표하는 인물이다. 마태복음에서 예수님은 그의 신앙 고백을 들은 다음에 그 위에 교회를 세우겠다 하셨고, 요한복음에서도 "내 양을 치라"는 주님의 당부를 들은 이는 베드로다. 그러나 예수께서 사랑하시는 제자, 영적으로 훨씬 민감했고 통찰력 있었던 제자는 말씀의 권위를 보증하고 있다. 제도 교회와 그 지도자의 권위를 인정해야 하지만, 그것은 말씀의 권위 아래 있어야 한다는 뜻일 수 있다.

필자는 익명의 저자에 보다 중요한 뜻이 있다고 본다. 요한복음 1장 17-18절에서는 예수님을 다음과 같이 소개한다.

율법은 모세로 말미암아 주어진 것이요 은혜와 진리는 예수 그리스도로 말미암아 온 것이라 본래 하나님을 본 사람이 없으되 아버지 품속에 있는 독생하신 하나님이 나타내셨느니라(요 1:17-18).

'율법'은 구약 신앙 전체를 대표한다. 그중에 가장 탁월한 사람은 모세다. 그가 탁월한 까닭은 하나님과 가까이했기 때문이다. '율법'이라고 지칭되는 '모세오경'이 끝나는 부분에서 모세는 이렇게 묘사된다.

그 후에는 이스라엘에 모세와 같은 선지자가 일어나지 못하였나니 모세는 여호와께서 대면하여 아시던 자요(신 34:10).

모세의 탁월함의 핵심에는 하나님의 음성을 직접 들었다는 점, 하나님과 가까운 사람이었다는 점이 있다. 그러나 요한복음은 그 어떤 사람도 하나님을 본 적이 없다고 한다. 모세를 포함하고, 아니 겨냥하고 있음은 물론이다. 구약의 증언을 종합해 보아도 모세 역시 하나님을 보지 못했다. '등'을 봤다는 기록은 있지만(출 33:23), 하나님에게 육체적인 등은 없기 때문에 아마 지나가시고 난 흔적을 느낀 정도를 표현한 것 같다. 구약 성경 전체에서, 그리고 그 이전의 인류 역사 전체에서 하나님께 가장 가까이 다가간 사람인 모세가 그랬다. 그런데 예수님은 하나님을 직접 보셨을 뿐 아니라 품속에 계셨다. '아버지 품속에 있는 독생하신 하나님'은 요한복음이 전하는 예수님의 정체성의 핵심이다. 그런데 바로 이 말이 요한복음 13장 23절에 흡사하게 등장한다.

예수의 제자 중 하나 곧 그가 사랑하시는 자가 예수의 품에 의지하여 누웠는지라(요 13:23).

예수께서 사랑하시던 제자가 예수님의 품에 의지하여 누웠다. 하나님 품 안에 예수 그리스도가 안겨 계시고, 그 예수님의 품 안에 예수께서 사랑하시던 제자가 안겨 있다. 요한복음 15장에 나오는 포도나무 비유처럼 예수님은 포도나무시고 우리는 가지다. '주님은 내 안에, 나는 주님 안에' 있는(요 15:5) 깊은 친밀감이 요한 신학의 본령이다. 요한의 이름으로 전해지는 첫 번째 편지에는 이렇게 쓰여 있다.

우리가 보고 들은 바를 너희에게도 전함은 너희로 우리와 사귐이 있게 하려 함이니 우리의 사귐은 아버지와 그의 아들 예수 그리스도와 더불어 누림이라 우리가 이것을 씀은 우리의 기쁨이 충만하게 하려 함이라(요일 1:3-4).

삼위일체 하나님의 친밀한 교제에 우리가 참여하는 것이 구원이다. 요한복음 17장에 나오는 예수님의 기도를 찬찬히 읽어 보면 더욱 깊이 와 닿을 것이다. 삼위일체 하나님과 하나 되어 가까이에서 예수님의 숨결을 느끼고, 하나님의 마음을 알고, 예수님의 심장 박동을 듣는 그 따뜻함을 아는 바로 그 사람이 요한복음을 기록했다. 그러므로 요한복음 저자에게 "당신은 스스로 어떤 사람이라고 생각합니까?"라고 물어보면 그는 "나는 하나님의 사랑을 받는 사람입니다"라고 대답했을 것이다.

저자의 이름이 밝혀지지 않고 '예수께서 사랑하시던 제자'라는 익명으로 등장하기 때문에 독자들은 예수님의 품에 안겨 삼위일체 하나님과의 교제에 참여하도록 나를 부르시는 초청의 음성으로 복음서를 읽을 수 있다.

작가의
자의식 비교

복음서를 비교할 수 있는 대목들이 많이 있겠지만, 작가의 자의식을 비교해 보는 것이 좋은 방법이다. 같은 예수님의 이야기를 왜,

무슨 생각으로 썼느냐에 따라서 달라진다. 이 책은 신약 성경에 나오는 모든 내용을 해설하는 데 목적을 둔 것이 아니라, 독자 스스로가 성경의 독자가 되어 신약을 이제와는 다른 눈으로 읽을 수 있도록 돕기 위한 책이다. "각각의 복음서 저자들이 어떤 자의식을 가지고 붓을 들었는가?"라는 질문은 좋은 안내가 될 것이다.

마태복음 저자의 자의식은 교사, 가르치는 사람이다. 이어 내려오던 전승과 자기 시대의 도전을 조화시키려는, 옛것을 존중하면서도 새로운 상황에 적응하는 노력과 지혜를 함께 붙잡으려는 통합적 사고가 돋보인다. 가르침은 교회를 전제로 하기 때문에 제도 교회에 대해 호의적이다. 마지막에 나오는 '세례'에 대한 관심 역시 제도 교회를 세우고 지켜 가는 일에 대한 관심으로 볼 수 있다.

마가복음 저자는 복음 전도자다. 세계 끝까지 다니면서 복음을 전했던 베드로와 바울의 뒤를 이어서 가는 곳마다 예수님의 메시지를 선포했다.

누가복음 저자는 역사가로서의 자의식이 분명했다. 누가는 예수 사건 당시에 황제와 왕, 총독, 대제사장의 이름을 세세히 전달한다. 만약 누가가 없었으면 예수님의 활동 시기를 파악하는 데 어려움이 있었을 것이다. 역사가로서의 자의식이 교회의 역사인 사도행전을 쓰게 했고, 지금은 예수님이 하늘에 계시면서 교회를 통해 세상을 통치하시는 때라는 역사관을 선명히 제시하게 했다.

정리하면, 마태는 교사, 마가는 복음 전도자, 누가는 역사가, 요한은 하나님의 사랑을 받는 사람이다. 이 네 사람이 각각 다른 생각을 가지고 예수님의 이야기를 들려주었기 때문에 우리는 하나님의 말씀과 예수 그리스도를 매우 입체적으로 알 수 있다.

오른쪽 그림의 두 사람은 누구일까? 나이 많은 사람은 베드로이고, 젊은 사람은 '예수께서 사랑하시던 제자'다. 어디로 가는 것일까? 여인들이 전해 준 예수님의 부활 소식을 듣고 예수님의 무덤으로 달려가는 장면이다. 그 순간의 설렘과 두려움과 불안을 비롯한 여러 복잡한 감정을 무척 사실적으로 표현한 스위스 화가 외젠 뷔르낭(Eugène Burnand)의 걸작이다.

두 사람의 동행은 교회 일치를 상징한다. 교회 역사에서 베드로, 혹은 요한복음 저자를 따르는 매우 다른 흐름이 있었던 것 같다. 저마다 생각과 경험과 관점이 다르고 실수도 있었다. 하지만 서로 존중하고 함께 가는 그림을 그렸다.

공관복음은 베드로 중심의 전통이다. 베드로가 전한 말씀을 잘

외젠 뷔르낭 Eugène Burnand, 1850-1921
〈무덤으로 달려가는 베드로와 요한〉 The disciples Peter and John running to the tomb on the morning of the resurrection, 1898, 오르세 미술관, 파리, 프랑스

기억하고 기록했다. 베드로가 제도 교회를 대표하는 어른이라면, 제4복음서를 남긴 저자는 말씀의 권위를 상징한다. 따라서 제4복음서, 즉 요한복음은 결국 말씀의 권위를 전해 준다. 베드로를 비롯한 훌륭한 제자들도 사람이기 때문에 누구나 실수하고 넘어질 수 있다. 하지만 성령이 한 사람을 택하여 쓰신 이 말씀의 권위 위에 교회, 그리고 우리의 신앙이 서야 한다.

교회가 혼란에 휩싸이고 외부의 핍박을 받을수록 제도 교회라는 틀이 중요하다. 교회의 목회자와 신앙 전통 역사는 존중받아야 한다. 그리고 동시에 하나님의 말씀 위에 우리 신앙의 기초를 세워야 한다. 그때 그 누구도 흔들 수 없는 교회가 세워져 가며, 그 교회를 통해 우리는 견고한 그리스도인으로 설 수 있다.

묵상과 나눔을 위한 질문

1 | 어떤 책을 쓰는 사람이 자신을 누구라고 생각하는가에 대한 의식은 책의 내용과 방향에 큰 영향을 끼친다. 복음서들의 작가적 자의식에 대해 저자들은 각각 무엇이라 설명하는가? 이런 접근이 우리가 복음서를 이해하는 데 어떤 영향을 끼치는가?

2 | "예수님은 어디에 계신가?"라는 질문에 대해 공관복음은 각각 어떤 생각을 보여 주고 있는가? 각각이 왜 중요하다고 생각하는가? 어떤 설명이 나에게는 가장 마음에 와 닿는가? 오늘 교회의 상황에서 가장 강조되어야 할 메시지는 무엇이라고 생각하는가?

3 | 제4복음서에 나오는 '예수께서 사랑하시던 제자'는 여러모로 흥미 있는 인물이다. 이 인물의 익명성은 도마복음과 어떤 차이를 보여 주며, 이 성경의 정경성과 어떤 관련이 있는가? 베드로와 이 제자의 비교를 통해서 이 복음서가 궁극적으로 말하고자 하는 바는 무엇인가?

3부

QUICK
TO LISTEN

기독교 신앙의
틀을 마련하다

바울서신, 바울, 바울이 전한 복음

1

바울서신

사도 바울 하면 먼저 떠오르는 이미지는 편지 쓰는 모습이다. 많은 사람에게 바울은 편지를 남긴 사람으로 각인되어 있다. 그러나 실제로 바울이 편지를 쓸 때, 그 일은 최선이 아니었고 때로 궁여지책이었다. 첫 편지 데살로니가전서에서 바울은 데살로니가 성도들의 "얼굴 보기를 열정으로 더욱 힘썼노라"라고 하면서 그의 방문 계획을 사탄이 막았다고 기록했다(살전 2:17-18). 마지막 편지들 중 하나인 디모데전서에서도 바울은 "속히 네게 가기를 바라나"(딤전 3:14) 상황이 여의치 않을 것을 대비하여 우선 붓을 든다고 썼다.

또한 바울은 감옥 생활을 오래 했다. 하루가 멀다 하고 세계를 다니면서 복음을 전하던 사람이 한곳에 묶여 있었으니 얼마나 성도들이 그리웠을까? 사랑하는 성도들을 직접 보고 싶은 마음으로 그의 마음은 얼마나 출렁였을까? 그 마음을 누르며 썼던 편지들이 오늘의 기독교를 만들었다. 만약 바울이 소원대로 방문하고 싶은 곳을 다 방문하고 투옥되는 일도 없었다면 어떻게 되었을까? 오늘의 신약 성경은 존재하기 힘들었을 것이다. 하나님의 섭리 앞에 고개를 숙일 수밖에 없다. 바울은 빌립보서에서 이렇게 말했다.

형제들아 내가 당한 일이 도리어 복음 전파에 진전이 된 줄을 너희가 알기를 원하노라(빌 1:12).

빌립보서 역시 바울이 감옥에 갇혀서 쓴 편지다. 바울은 빌립보 성도들을 만나기를 간절히 고대했다. '내가 당한 일'은 일차적으로 바울의 투옥, 그리고 그가 사역하면서 당한 온갖 곤란과 어려움을 말할 것이다. 바울을 지지하고 흠모하던 성도들은 바울의 소식을 전해 들으면서 여러모로 기가 죽었을 것이다. 그러나 바울은 그 힘든 일이 오히려 복음 전파에 진전이 되었다고 전했다. 이는 바울의 인생 전체를 집약해서 보여 주는 말일 수 있다. 창세기 말미에 요셉이 형들의 행위를 언급하면서 하나님이 그것을 선으로 바꾸셨다고 고백하는 내용과 일치한다(창 50:19-21).

오늘날 교회는 전대미문의 어려움을 겪고 있다. 그럼에도 우리가 좌절하지 않는 이유는 이 어려움 가운데서도 최선을 이끌어 내실 수 있는 하나님을 신뢰하기 때문이다. 당장은 힘들지만, '우리가 당한 일'을 통해 하나님의 뜻을 이루어 가시는 그분을 신뢰하는 마음이 우리에게 부어지기를 원한다.

신약 성경의 차례를 살펴보자. 마태복음부터 요한복음까지가 복음서이고, 다음은 사도행전이다. 사도행전의 후반부 중에서 절반 이상은 바울이 주인공이다. 그다음 로마서에서 유다서까지 전부 다 편지다. 그리고 마지막 책인 요한계시록 역시 내부에 작은 편지들을 담고 있다.

| 신약 성경의 분류 |

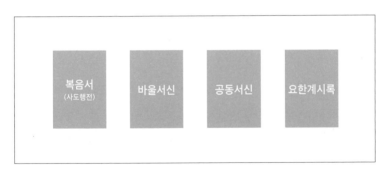

사도행전을 누가복음과 함께 묶어서 본다면, 신약 성경은 복음

서와 서신서로 나누어져 있다고 해도 과언이 아니다. 그중 로마서에서 빌레몬서까지가 바울서신이다. 로마서에서 데살로니가후서까지는 바울이 각 지역에 있는 교회에 보낸 편지다. 해당 도시의 이름이 편지의 제목이 되었다. 그리고 디모데전·후서, 디도서, 빌레몬서 등 4권은 바울이 개인에게 보낸 편지다.

신약 성경 27권 중에 13권이 바울의 이름으로 전해지고 있다. 절반가량 된다. 물론 각 책의 분량은 얼마 되지 않는다. 그런데 좀 더 깊이 들여다보면 신약 성경 전체에 걸쳐 바울의 영향력이 매우 크다는 사실을 발견하게 된다.

사도행전 후반부에 '우리'라는 표현이 등장하는데, 이는 사도행전의 저자인 누가가 일행 중 한 명이었음을 추정하게 한다. 누가는 바울을 따라다닌 제자다. 바울의 영향 아래에서 누가복음과 사도행전이 나왔다는 말이다. 바울서신과 누가-행전만 합쳐도 분량이 상당하다.

또한 앞서 1부에서 살펴보았듯이, 마가복음의 핵심 주제는 "십자가의 복음"이다. 바울은 십자가의 복음에 매진한 사람이었다 (고전 1:22-24). 그는 자신의 십자가 신학을 마가보다 앞서 편지로 남겨 교회들에 전했다. 마가의 십자가 중심 복음에서 바울의 영향을 읽을 수 있다.

아울러 바울이 가장 오랜 기간 사역했고 큰 부흥을 일으킨 에베소 지역에서 요한복음이 나왔다. 요한복음과 요한서신에 끼친 바울의 영향력 역시 부인하기 힘들다. 요한계시록은 묵시문학이다. 묵시문학은 서신이라는 형식을 빌리는 일이 대단히 드물다. 그럼에도 요한계시록이 서신의 모양을 취하고 있는 것은 바울의 영향이라고 판단하는 학자들이 많다.

종합하면, 바울은 단순히 권수 기준으로 반을 넘는 정도가 아니라, 신약 성경 전체를 통틀어 압도적인 비중으로 신앙의 틀을 마련한 사람이라고 보는 것이 옳다.

바울서신의
서신 형태

바울의 편지가 어떤 형태인지를 살펴보자. 데살로니가전서는 바울이 가장 처음 쓴 편지다. 이 서신의 첫 문장에는 여러 중요한 정보가 담겨 있다.

바울과 실루아노와 디모데는 하나님 아버지와 주 예수 그리스도 안에 있는 데살로니가인의 교회에 편지하노니 은혜와 평강이 너희에게 있을지어다(살전 1:1).

한 구절씩 살펴보자. "바울과 실루아노와 디모데는." 이 세 사람은 편지를 보내는 '발신자'들이다. "하나님 아버지와 주 예수 그리스도 안에 있는 데살로니가인의 교회에 편지하노니." 그다음에는 편지의 '수신자'인 데살로니가인의 교회를 언급한다. 그리고는 인사말을 전한다. "은혜와 평강이 너희에게 있을지어다."

바울서신의 시작은 늘 이런 식이다. 첫 번째는 발신자, 두 번째는 수신자, 세 번째는 은혜와 평화(평강)를 바라는 인사말이다. 따라서 '은혜와 평화'는 바울이 가볍게 적은 인사말이 아니라, 그의 복음을 핵심적으로 요약한 두 단어다. 이에 대해서는 에베소서 2장의 예를 들어 살펴볼 것이다(141쪽 이하 참조).

2

바울

성경에서 바울이 누구인지 알 수 있는 자료는 크게 두 가지다. 하나는 사도행전이고, 다른 하나는 바울이 쓴 편지다. 흔히 바울이 예수님을 믿고 겸손하게 되어 '작은 자'를 뜻하는 이름으로 바꾸었다는 설명을 듣곤 한다. 그러나 예전에 불린 '사울'(Σαῦλος)이라는 이름에는 '큰 자'라는 뜻이 없다. 사울은 베냐민 지파로서 그 지파의 유명한 초대 왕인 사울의 이름을 따라 지은 것이다. 또한 '바울'(Παῦλος)의 어원 안에 '작은 자'라는 뜻이 있긴 하지만 강하게 드러나진 않는다.

바울이 선교 초기에 구브로라는 섬을 방문했을 때의 상황을 살펴보자.

두 사람이 성령의 보내심을 받아 실루기아에 내려가 거기서 배 타고 구브로에 가서 살라미에 이르러 하나님의 말씀을 유대인의 여러 회당에서 전할새 요한을 수행원으로 두었더라 온 섬 가운데로 지나서 바보에 이르러 바예수라 하는 유대인 거짓 선지자인 마술사를 만나니 그가 총독 서기오 바울과 함께 있으니 서기오 바울은 지혜 있는 사람이라 바나바와 사울을 불러 하나님의 말씀을 듣고자 하더라 이 마술사 엘루마는 (이 이름을 번역하면 마술사라) 그들을 대적하여 총독으로 믿지 못하게 힘쓰니 바울이라고 하는 사울이 성령이 충만하여 그를 주목하고(행 13:4-9).

여기서 '요한'은 마가복음을 기록한 마가를 가리킨다(5절). 바나바의 조카이기도 하다. 구브로는 바나바의 고향이다. '총독 서기오 바울'은 로마 시대 유력한 명문가의 이름이었다(7절). 여기서도 확인할 수 있듯이, 바울이라는 이름의 어원을 군이 따지자면 '작은 자'라는 뜻에 가닿지만, 이 이름의 일상적 사용이 그 어원을 연상시키는 정도는 아니었다.

'총독 서기오 바울'이 바나바와 '사울'을 불러 하나님의 말씀을 들으려 했다. 그런데 이어지는 9절에 '바울이라고 하는 사울'이 언급된다. 사도행전에서 '바울'과 '사울'이라는 이름이 함께 사용되는 까닭은 그가 로마 시민권자이기 때문이다. 로마 시민은 태어날 때 호적에 로마 이름으로 등록한다. 가정이나 친인척을 비롯한 이스라엘 사회에서는 사울이라는 '히브리식 이름'을 썼을 것이다. 하지만 학교를 포함해 제국 문화에서는 바울이라는 '로마식 이름'을 사용했다.

과거 예루살렘에 살 때는 사울이라고 많이 불렸다. 그러나 그는 이방 전도를 본격적으로 하며 바울이라는 이름을 쓰는 것이 더 낫다고 판단했다. 마치 미국에 사는 한국 사람이 영어 이름을 쓰는 것과 비슷하다. 한국에서 같은 문화를 공유하는 사람들끼리는 한국 이름을 사용하지만, 외국에서 사업을 하면 자연스럽게 영어 이름을 사용하는 것과 흡사한 이치다. 바울은 아마도 총독 서기오 바울을 만나 자기도 이름이 '바울'이라고 소개하며 친밀감을 표시했을 것이다. 이 만남이 바울이라는 이름을 본격적으로 사용하게 된 하나의 계기가 되었을 수 있다.

사도행전을 보면, 바울은 마지막 예루살렘 방문 때 군중의 소요에 휩쓸려 체포되었다. 그때 군인들이 그에게 "네가 헬라 말을 아느냐"(행 21:37)라고 질문했다. 단순히 어떤 언어의 사용 가능 여부를 묻는 것이 아니다. 당시에 이 말은 "당신은 '문명인'입니까?"라는 질문이었다. 그리스(헬라) 중심의 사고에서는 "너도 사람이냐?"라는 뜻에 가까웠다.

그 시절 헬라인들은 헬라어를 모르면 야만인으로 여겼다. 바울 역시 로마 성도들에게 편지하며 "헬라인이나 야만인이나"(롬 1:14)라는 표현을 썼다. '야만인'은 헬라어로 '바르바로스', 영어로 'barbarian'이다. 새나 동물이 말할 때 "바르바르"(barbar) 하는 것처럼 들린다는 데서 유래했다. 아리스토텔레스(Aristoteles)를 포함한 헬라 지식인들은 노예, 헬라 말을 못하는 야만인을 짐승과 거의 다를 바 없이 여기기도 했다.

따라서 "네가 헬라 말을 아느냐?"라는 질문은 상대방의 정체를 묻는 매우 중요한 질문이다. 이를 통해 바울이 헬라어를 알고 그 시대의 고급 지식을 상당히 습득한 문명인이자 국제적인 인물이라는 사실이 드러난다. 그런데 사도행전 22장 2절에서 바울은 예루살렘 사람들에게는 히브리어로 유창하게 연설했다. 바울은 헬라 세계와 히브리 세계 모두에 걸쳐져 있는 중간적인 인물이었다.

성장과 교육,
경력

바울의 자기소개가 기록된 말씀을 살펴보자.

나는 유대인으로 길리기아 **다소**에서 났고 **이 성**에서 자라 **가말리엘**
의 문하에서 우리 조상들의 율법의 엄한 교훈을 받았고 오늘 너희
모든 사람처럼 하나님께 대하여 **열심**이 있는 자라(행 22:3).

성경 인물을 공부할 때는 다른 사람들이 알려 주는 지식보다,
혹은 이차적인 자료가 주는 정보보다 성경 자체가 말하는 내용을
하나하나 정확하게 짚어 보는 훈련이 중요하다. 이 말씀에 바울
에 대한 매우 많은 정보가 담겨 있다.
　바울의 고향은 '길리기아 다소'다. 자란 곳은 지금 바울과 청중
이 있는 '이 성', 즉 '예루살렘'이다. 바울은 다소에서 태어나 예루
살렘으로 역이민 와서 성장하며 교육을 받았다. 아마도 아버지가
그에게 유대인 전통을 가르칠 필요를 느꼈을 것이다. 그래서 바

울이 당대 최고의 학자 가말리엘 문하에서 공부했다는 기록은 이런 맥락에서 설명된다.

| 다소와 예루살렘 |

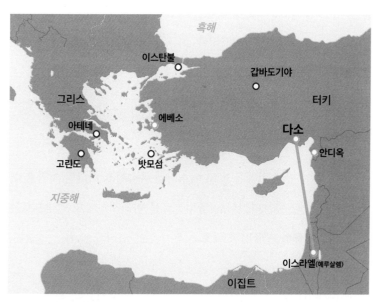

지도를 보면 길리기아 다소는 오늘날의 터키 중남부에 위치해 있다. 조금 내려가면 시리아 안디옥이 있다. 거기서 남쪽으로 가면 이스라엘 예루살렘이 있다. 바울은 다소에서 태어나 자라다가 아마도 유년기 혹은 청소년기에 예루살렘에 와서 당대 최고 학자

인 가말리엘의 문하에 들어가 교육을 받은 사람이라고 볼 수 있다.

바울의
열심

바울의 인생을 가장 잘 설명하는 단어는 바로 '열심'이다.

> 나는 팔 일 만에 할례를 받고 이스라엘 족속이요 베냐민 지파요 히
> 브리인 중의 히브리인이요 율법으로는 바리새인이요 열심으로는
> 교회를 박해하고 율법의 의로는 흠이 없는 자라(빌 3:5-6).

'바리새인'이라는 말이 지금 우리에게는 부정적으로 들린다. 그
런데 바울 당시에는 자부심 가득한 단어였다. 바울은 예수 믿고 나
서도 아주 열심이었으나 예수 믿기 전에도 열심인 사람이었다. 그
런데 그 열심으로 교회를 박해하고 그리스도인들을 잡으러 다녔다.
이 열심과 바울의 스승 가말리엘이 어떻게 연결되는지 살펴보자.

바울보다 조금 앞선 세대의 유대교 랍비들 중에서 굉장히 유명한 두 사람이 있었다. 바로 힐렐(Hillel)과 샴마이(Shammai)다. 힐렐은 율법 해석에 있어 유연하고 개방적인 반면, 샴마이는 정통 교리를 철저히 지키는 매우 보수적인 태도를 가졌다. 둘의 차이를 분명히 보여 주는 일화가 있다.

어떤 사람이 샴마이를 찾아가 물었다. "제가 한 발을 들고 서 있겠습니다. 그동안에 저에게 율법 전체의 정신을 가르쳐 주십시오." 그러자 샴마이가 그를 향해 나무 작대기를 들고 "야, 이 나쁜 놈아! 율법 공부를 날로 하려 드느냐" 하며 쫓아냈다. 그래서 그 사람이 힐렐에게 갔다. 힐렐은 그에게 한 발을 들고 서 보라고 시켰고, 그러면서 이렇게 말했다. "다른 사람이 네게 이렇게 하는 게 싫으면 너도 다른 사람에게 그렇게 하지 말라. 그것이 율법의 전부다."

공자는 한 제자에게 '평생 동안 행해야 할 귀중한 일'에 대한 질문을 받고는 "기소불욕 물시어인"(己所不欲 勿施於人)이라고 답했다. "자기가 하고 싶지 않은 일을 남에게 시키지 않는다"는 의미다. 힐렐의 말과 거의 동일하다. 예수님은 "남에게 대접을 받고자 하는 대로 너희도 남을 대접하라"(눅 6:31)고 하셨다. 공자와 힐렐의 권고를 적극적으로 바꾸면 예수님의 말씀이 된다. 남을 괴롭히지 않는 것으로는 부족하며, 적극적으로 타인을 위한 삶을 살아가라는 말씀이다.

이 일화만 보더라도 힐렐은 유대교 중에서 온건파라 할 수 있다. 바울의 스승인 가말리엘은 힐렐의 조카로 알려져 있으며, 힐렐과 마찬가지로 온건하고 합리적인 사람으로 사도행전에 등장한다.

바리새인 가말리엘은 율법교사로 모든 백성에게 존경을 받는 자라(행 5:34).

베드로와 그의 동료들이 잡혀 와서 재판받을 때 가말리엘은 공회 중에 일어나 사도들을 잠깐 밖에 나가게 했다. 그러고 나서 "이제 내가 너희에게 말하노니 이 사람들을 상관하지 말고 버려 두라 이 사상과 이 소행이 사람으로부터 났으면 무너질 것이요 만일 하나님께로부터 났으면 너희가 그들을 무너뜨릴 수 없겠고 도리어 하나님을 대적하는 자가 될까 하노라"(행 5:38-39)라고 말했다.

유대인 지도자들이 한자리에 모여 예수를 전하는 이들에 대한 처벌을 격렬하게 논의하던 중이었다. 그 와중에 가말리엘은 '만약 하나님이 하신 일이면 하나님을 대적하는 것'이라는 단순명쾌한 논리로 그만두라고 만류했다. 매우 여유 있고 온건한 입장이다. 그러자 방금 전까지 살기를 뿜으며 흥분하던 예루살렘 지도자들이 그의 권위를 존중하며 잠잠해졌다.

이런 스승 가말리엘과 예수님을 믿는 사람들을 잡으러 혈안이 되어 다녔던 그의 제자 청년 바울의 모습이 조화되는가? 전혀 그렇지 않다. 오히려 바울의 행동은 과격파인 샴마이의 가르침과 비슷하다. 사실 바울의 행동은 당시 예루살렘에 있던 모든 유대인 중에 가장 과격하고 근본주의적인 태도로 분류될 수 있다. 우리를 당황하게 하는 불일치다.

이유가 무엇일까? 바울이 가말리엘에게서 배웠다는 이력이 거짓일까? 아니면 가말리엘 문하에서 공부하긴 했지만 스승과 반대 노선을 걸은 것일까? 이해하기 매우 어려운 대목이다. 아마도 가말리엘의 뜻 전체를 동의하지는 않았거나 어떤 계기로 그리스도인들에 대해 적개심을 가지게 되었을 것이다.

그런데 바울의 인생 전체를 보면, 힐렐과 가말리엘의 가르침이 그의 신학을 형성하는 데 상당한 작용을 했다고 할 수 있다. 그런 까닭에 바울이 편지를 통해 스스로를 소개하는 것과 사도행전에 바울이 등장하는 모습이 조금 다를 수 있음을 염두에 두어야 한다. 왜냐하면 바울서신은 바울이 직접 쓴 글이고, 사도행전에 등장하는 바울은 적어도 약 20-30년 후의 기록이기 때문이다. 둘 사이에 차이가 있을 수밖에 없다.

바울은 열심에 대해 로마서에 다음과 같은 말을 남겼다.

내가 증언하노니 그들이 하나님께 열심이 있으나 올바른 지식을 따른 것이 아니니라 하나님의 의를 모르고 자기 의를 세우려고 힘써 하나님의 의에 복종하지 아니하였느니라(롬 10:2-3).

이것은 사실 바울 자신에 대한 이야기다. 그는 "내가 열심이 있었으나 실은 하나님을 대적하고 살았다"고 고백했다. 그리고 그 시각으로 이스라엘 역사 전체를 들여다보았다. 바울서신에서 그가 유대인을 언급하는 많은 부분은 사실 바울 자신의 자전적 기록이라고 볼 수 있다.

오늘까지 모세의 글을 읽을 때에 수건이 그 마음을 덮었도다 그러나 언제든지 주께로 돌아가면 그 수건이 벗겨지리라 주는 영이시니 주의 영이 계신 곳에는 자유가 있느니라(고후 3:15-17).

'오늘까지 모세의 글을 읽을 때에'라는 말은 유대인들이 회당에서 토라를 낭독하며 예배하는 장면을 가리킨다. 그러나 그들은 토라의 참 의미를 알지 못했다. 바울 자신도 오랫동안 토라를 듣고 공부했지만 진정한 의미를 알지 못했다. 성령의 은혜로 주께로 돌아왔을 때 본뜻을 가리던 수건이 벗겨지고 자유를 누리게 되었다.

사도행전의 바울과
서신서의 바울

앞서 언급했듯이 동일한 인물인 바울에 대해 사도행전과 서신서는 조금씩 다르게 묘사한다. 먼저 사도행전을 살펴보자.

루스드라에 발을 쓰지 못하는 한 사람이 앉아 있는데 나면서 걷지 못하게 되어 걸어 본 적이 없는 자라 바울이 말하는 것을 듣거늘 바울이 주목하여 구원받을 만한 믿음이 그에게 있는 것을 보고 큰 소리로 이르되 네 발로 바로 일어서라 하니 그 사람이 일어나 걷는지라 무리가 바울이 한 일을 보고 루가오니아 방언으로 소리 질러 이르되 신들이 사람의 형상으로 우리 가운데 내려오셨다 하여 바나바는 제우스라 하고 바울은 그중에 말하는 자이므로 헤르메스라 하더라(행 14:8-12).

선천적인 지체 장애인을 치유하는 바울의 모습을 지켜본 루스드라 사람들은 흥분했다. 언행을 보니 바울은 분명 평범한 인간이 아니라, 기적을 일으키는 신의 현현이라고 생각했기 때문이다. 그들은 바나바는 그리스 신화에 등장하는 제우스로, 바울은 달변가 전령인 헤르메스라고 판단했다. 그래서 시 외곽에 있던 제우스 신당의 제사장이 소와 화환들을 가지고 대문 앞에 와서 무리와 함께 그들에게 제사를 드리려 했다.

이는 매우 즉각적인 반응이었다. 그만큼 당시 사람들은 비상한 일이 일어났을 때 신들의 행위와 연결 짓는 일에 익숙했고, 신의 현현을 학수고대하며 살았다. 그러자 바나바와 바울은 옷을 찢고 무리 가운데 뛰어 들어가 소리 지르며 제지했다.

여기서 바울이 달변가인 헤르메스로 불린 것이 인상적이다. 바울의 말이 매력적이고 설득력 있는 연설로 들렸다는 뜻이다. 이 외에도 사도행전은 곳곳에서 바울의 유려한 설교를 전하고 있다.

심지어 사람들이 바울의 몸에서 손수건이나 앞치마를 가져다가 병든 사람에게 얹으면 그 병이 떠나고 악귀도 나가더라(행 19:12).

이 말씀 역시 바울을 상당한 능력을 가진 모습으로 묘사하고 있다. 이처럼 사도행전은 바울을 비범한 힘과 언변을 가진, 목표를 향해 거침없이 발걸음을 옮기는 인물로 소개한다.

그러나 바울서신을 보면, 바울이 정말 많은 고민과 갈등에 휩싸여 있었고, 사람들에게 인정받지 못할 때가 많았으며, 그런 자신의 모습 때문에 불안하기도 했음을 알게 된다(고전 2:3; 고후 1:9, 2:13, 12:20-21). 한 예로 고린도후서 10장 10절을 보자.

그들의 말이 그의 편지들은 무게가 있고 힘이 있으나 그가 몸으로 대할 때는 약하고 그 말도 시원하지 않다 하니(고후 10:10).

오늘날에도 문장력은 탁월하지만 언변은 서툰 사람을 종종 보게 된다. 흠모하던 작가의 강연에 기대하는 마음으로 갔다가 실망을 안고 돌아온 경험이 있을 것이다. 바울의 편지를 통해 바울을 알게 된 사람들이 실제로 그를 대면하고는 실망했다는 의미다. 언변뿐만 아니라 외모와 행색도 포함한 듯하다. 이런 평이 바울에게 열등감을 일으켰다. 그런 그는 "내가 비록 말에는 부족하나 지식에는 그렇지 아니하니"(고후 11:6)라는 비참한 말까지 남겼다.

이렇듯 바울이라는 동일 인물에 대한 바울서신과 사도행전의 묘사는 매우 큰 차이가 있다. 바울은 스스로 '나는 말을 잘 못하는 사람이어서 사역자로서는 부족하다'라는 생각을 무척 많이 했다. 하지만 사도행전이 전하는 바울은 달변가다. 어느 쪽이 진실일까? 사도행전이 일부러 없는 사실을 부풀렸다고 보기는 힘들다. 이미 바울을 통해 역사하신 하나님을 교회는 알고 있다.

바울은 살아생전에 자신을 평가절하하고 비판하는 사람들에게 적잖이 영향을 받았던 것 같다. 그렇지만 오랜 시간이 지나 "그때 바울 선생님이 전해 주셨던 말씀으로 변화되어 내가 하나님의 자녀임을 깨닫고 복음으로 돌아왔습니다"라는 간증이 들려온 적이 많았을 것이다. 말씀 사역자들은 이런 경험을 자주 한다. 스스로에게는 별 감흥도, 영향력도 없었던 사역을 통해 보배로운 씨앗이 뿌려졌음을 뒤늦게 알게 되는 경우다.

바울은 말 때문에 열등감을 가진 사람이었다. 하지만 후세가 기억하고 증언하는 바울은 매우 은혜로운 설교자다. 오늘 우리가 인생을 살아가면서 갖게 된 고민이나 열등감, 내가 소유하지 못했다는 이유로 하나님께 갖게 된 불만 등을 비추어 볼 수 있는 소중한 거울이다.

갈라디아서에 나타난
바울의 자전적 진술

바울서신 중에서 그의 삶의 궤적을 소상히 기록하고 있는 성경은 갈라디아서가 대표적이다.

그러나 내 어머니의 태로부터 나를 택정하시고 그의 은혜로 나를 부르신 이가(갈 1:15).

바울은 하나님이 '은혜'로 자기를 '부르셨다'고 고백했다. 전통적으로, 바울의 다메섹 경험을 '회심'(conversion)이라 불러 왔다. 인생의 급격한 유턴, 하나님을 완전히 대적하다가 회개하고 돌이켜 정반대 방향으로 가는 바울의 모습이 묘사된다. 사도행전에서는 이런 모습이 강조된다.

'conversion'은 '개종'이라고도 번역할 수 있다. 한 종교에서 다른 종교로 옮기는 것을 말한다. 그렇다면 바울은 '유대교'에서 '그리스도교'로 옮겨 갔는가? 이 시점에는 '그리스도교'라는 말도 존재하지 않았다. '그리스도인'이라는 말은 그보다는 훨씬 전에 확립되었지만, 다메섹 경험은 그 이전이었다. 바울은 자신의 다메섹 경험을 유대교 내에서 이해했을 가능성이 크다. 유대교라는 종교를 떠나 그리스도교라는 다른 종교로 옮겨 간 것이 아니다.

그렇다면 바울 자신이 직접 쓰고 있는 '부르심'이라는 단어가 바울의 경험을 설명하기 좋은 단어다. 바울은 그 사건이 하나님이 자신을 어떤 특별한 사명을 가지고 부르신 것으로 이해했다. '내 어머니의 태로부터 나를 택정하시고'라는 말은 예언자 예레미야의 소명을 연상시킨다(렘 1:5). 바울은 특별한 소명으로 예레미야를 부르신 하나님이 또 다른 소명으로 자신을 부르셨다고 믿었다.

그의 아들을 이방에 전하기 위하여(갈 1:16상).

그 부르심의 목적은 '그의 아들', 곧 예수 그리스도를 '이방에 전하기 위해서'다. 이것은 바울의 인생 전체에 대한 사명 선언(mission statement)이다.

그를 내 속에 나타내시기를 기뻐하셨을 때에 내가 곧 혈육과 의논하지 아니하고 또 나보다 먼저 사도 된 자들을 만나려고 예루살렘으로 가지 아니하고(갈 1:16하-17상).

바울은 자신이 전하는 복음은 하나님께로부터 왔기에 '먼저 사도 된 자들'로 대표되는 사람들의 인정을 우선순위에 두진 않았다고 말했다.

아라비아로 갔다가 다시 다메섹으로 돌아갔노라(갈 1:17하).

많은 사람이 이 대목을 두고 바울이 사막 교부들처럼 아라비아 사막에 은둔하면서 영성을 키우고 기도하는 시간을 가졌을 것이라고 상상한다. '아라비아'라는 말이 주는 어감이 이런 상상력에 기름을 붓는다.

그러나 아라비아가 영성 수련을 위한 은둔에 어울리는 사막이라는 근거는 부족하다. 이스라엘의 남쪽, 아라비아반도의 북서쪽에 페트라라는 고대 도시가 있다. 후에 로마로 병합되어 '아라비아 페트리아', 혹은 '아라비아 속주'로 불리던 이 지역의 중심 도시다. 바울 당시에는 아레다왕이 다스리는 나바테아 왕국이었다. 이 왕국은 북쪽으로는 다메섹까지 걸쳐 있었다. 바울은 회심 직후에 나바테아 왕국의 남과 북, 아라비아와 다메섹 사이를 오가며 전도했던 것으로 보인다. 고린도후서 11장에서 그 근거를 찾을 수 있다.

다메섹에서 아레다왕의 고관이 나를 잡으려고 다메섹성을 지켰으나 나는 광주리를 타고 들창문으로 성벽을 내려가 그 손에서 벗어났노라(고후 11:32-33).

아레다왕이 왜 바울을 체포하려 했을까? 당시 다메섹에는 바울 외에도 그리스도인들이 많이 있었다. 그런데 왜 유독 바울만 할리우드 액션 영화를 방불하게 하는 도주를 해야 했을 정도로 위험 인물로 인식되었을까? 그의 거침없는 전도 활동이 다른 이들과는 달리 큰 반향을 불러일으켰기 때문이었을 것이다. 그렇다면 바울이 소명을 받은 후에 아라비아로 가서 조용히 기도만 했다고 보기 어렵다. 바울은 임박한 예수님의 재림을 기다리며 땅끝까지 가서 하나님의 나라를 선포해야 한다고 생각했다. 혼자서 충분한 여유 시간을 가지기에 그의 열정은 너무 뜨거웠고, 마음은 바빴다.

바울은 열정의 사람이었다. 온유와 절제를 실천하고 겸손하게 자기를 비우고 살았지만, 진리를 두고는 조금도 양보하지 않은 열심의 사람이었다. 그러한 바울의 성격이 가장 잘 드러나는 대목이 안디옥 사건이다.

게바가 안디옥에 이르렀을 때에 책망받을 일이 있기로 내가 그를 대면하여 책망하였노라 야고보에게서 온 어떤 이들이 이르기 전에 게바가 이방인과 함께 먹다가 그들이 오매 그가 할례자들을 두려워하여 떠나 물러가매 남은 유대인들도 그와 같이 외식하므로 바나바도 그들의 외식에 유혹되었느니라 그러므로 나는 그들이 복음의 진리를 따라 바르게 행하지 아니함을 보고 모든 자 앞에서 게바에게 이르되 네가 유대인으로서 이방인을 따르고 유대인답게 살지 아니하면서 어찌하여 억지로 이방인을 유대인답게 살게 하려느냐 하였노라(갈 2:11-14).

당시 유대인 회당에서는 유대인이 아닌 이방인들이 와서 율법 말씀을 들으며 함께 신앙생활을 하는 경우가 있었다. 그들이 할례를 받았을까? 할례를 받기란 쉽지 않았을 것이다. 당시 할례를 받는다는 것은 엄청난 사회적 부담이었기 때문이다. 예를 들어, 조선 시대에 외국 사람들이 들어와 자기 나라 고유의 신앙 공동체를 만들었다고 가정해 보자. 그 공동체에 어떤 한국 사람이 찾아와 그들의 문화와 전통을 배우고 완전한 구성원이 되려고 한다고 하자. 그때 그들의 전통을 따라 한국인의 몸에 손을 댄다고 하면 그 집안에서 가만히 있겠는가? 전통 사회에서는 상상하기조차 힘든 일이었다.

당시 이방 민족이 유대 종교에 관심을 가질 뿐만 아니라 자기 몸에 상처를 입히면서까지 유대교에 입교하는 것은 자기가 속한 사회에서 생매장될 정도의 소외를 감수하지 않고는 감행하기 힘든 일이었다. 그런 까닭에 당시 유대교 회당에 들어온 이방인들 중 대다수는 할례를 받지 않은 채 신앙생활을 했다. 유대인들은 그들을 가리켜 '하나님을 경외하는 자들'(God-fearers)이라고 불렀다.

그런 그들이 오늘날 교회의 장로나 권사, 안수집사와 같은 유대인 회당의 지도층이 된다면 그들을 선뜻 받아들일 수 있을까? 그렇지 못했을 것이다. 회당에 오는 것은 인정하지만 지도자로 세우지는 않았다. 유대인들이 핵심에 있고 이방인들은 항상 열등한 존재로 머물러 있었다.

이러한 구도가 복음이 들어와 회당에서 교회로 바뀌면서 변화되었다. 할례를 받지 않았더라도 이방인들도 동일하게 직분을 맡게 되었고, 같은 하나님의 자녀로서 식사도 같이 했다. 안디옥 교회는 이같이 급진적인 변화를 실행한 공동체였다. 유대인들은 식탁의 순결을 생명같이 여겼다. 죄인들이나 이방인들과 함께 식사를 하는 것을 중대한 범죄로 여겼다. 따라서 안디옥 교회에서 이방인과 유대인이 같은 식탁을 대했다는 것은 그들이 가장 넘기 힘든 문화적, 종교적 장벽을 넘어 모든 면에서 하나 되었음을 보여 준다.

그런데 문제가 생겼다. 예루살렘에서 '야고보가 보낸 사람들'이 온 것이다. 야고보는 당시 예루살렘 신앙 공동체의 대표였다. 예루살렘 교회가 전체 교회의 중심이었기에 야고보는 곧 전체 교회의 대표였다. 오늘날의 교단 총회장 이상의 권위를 갖고 있었다. 안디옥에 와 있던 베드로는 1대 총회장이고 야고보는 2대 총회장이라고 할 수 있다. 둘 다 교회의 큰 어른이었다.

당시 예루살렘에서는 그리스도인들이 이방인들을 받아들이고 가까이 지내는 문제가 심각한 수준의 갈등을 야기했던 것 같다. 안디옥과는 다르게 예루살렘은 강경한 유대인들의 영향 아래 있었고, 그들의 압박으로 교회는 심각한 위기 의식을 느끼게 되었다. 야고보의 이름으로 안디옥에 들이닥친 이들은 그런 이유로 강경한 태도를 갖게 되었던 것 같다. 이런 상황에서 베드로는 이방인과 함께 식사하는 것도 무방하다고 하던 기존의 소신을 버리고 식탁에서 물러났다. 심지어 바울과 함께 이방인 교회를 대표하던 바나바조차 베드로와 같이 행동했다.

이방인 그리스도인들이 그들의 태도로 인해 큰 상처를 받았음은 자명한 사실이다. 함께하는 식탁은 교회의 하나 됨과 그들이 한 형제자매로 받아들여졌다는 상징이었다. 식탁이 깨지면서 그들은 거부당한 자가 되고 말았다. 한 공동체 내에서 열등한 회원, 함께 밥을 먹을 수는 없는 사람들로 전락했다. 그래서 바울은 참지 않고 교회의 지위상 자신보다 한참 높은 베드로와 바나바를 거침없이 꾸짖었다. 왜 진리의 복음을 따라 행하지 않느냐며 잘못을 정면으로 지적했다.

이것이 바울이 전한 복음을 이해하는 중요한 핵심이다. '이신칭의', 즉 '믿음으로만 구원받고 의롭게 된다'는 말이 무슨 의미인가? 믿음 외에 다른 어떤 것도 우리를 하나님 앞에 특별한 자격으로 세우지 못한다는 뜻이다. 인간의 행위는 말할 것도 없고, 내가 유대인이라는 자부심 강한 혈통도 소용이 없다. 유대인이라도 믿음이 없으면 구원받지 못하고, 이방인이라도 믿음만 있으면 완전한 자격을 갖춘 하나님의 자녀가 된다는 의미다. 이것이 이신칭의다.

3

바울이 전한 복음

바울이 전한 복음의 핵심을 가장 잘 전해 주는 말씀이 에베소서 2장이다.

| 은혜와 평화 |

8절 "너희는 그 은혜에 의하여 믿음으로 말미암아 구원을 받았으니"	14절 "그는 우리의 화평이신지라 둘로 하나를 만드사"
은혜 **하나님과 사람의 화해** **탕자의 귀환**(눅 15장)	**평화** **사람과 사람의 화해** **두 아들의 화해**(눅 15장)

너희는 그 **은혜**에 의하여 믿음으로 말미암아 구원을 받았으니 이것은 너희에게서 난 것이 아니요 하나님의 선물이라(엡 2:8).

그는 우리의 **화평**이신지라 둘로 하나를 만드사 원수 된 것 곧 중간에 막힌 담을 자기 육체로 허시고(엡 2:14).

에베소서 2장 전반부(8절)에는 '은혜'가, 후반부(14절)에는 '화평'이 강조된다. 은혜는 하나님과 사람 사이의 화해이고, 화평은 사람과 사람 사이의 장벽이 무너지는 화해다. 그리스도 예수의 은혜 '안에' 있는 공동체의 특징은 인간 사이의 모든 차별이 철폐되고 장벽이 무너진다는 것이다.

너희는 유대인이나 헬라인이나 종이나 자유인이나 남자나 여자나 다 그리스도 예수 안에서 하나이니라(갈 3:28).

에베소서 2장은 바울 복음 전체의 요약이라 할 만하다.[7] 예수님 또한 누가복음 15장에서 탕자의 비유를 통해 동일하게 설명하셨다. 탕자는 집으로 돌아와 아버지 품에 안겨 용서를 받고 받아들여졌다. 이것이 '은혜'다. 그다음에 두 아들이 '화해'하는 것이 두 번째 복음의 내용이다.

따라서 바울이 전한 복음은 예수님이 말씀하신 복음과 완벽하게 일치한다. 즉 '은혜와 평화'다. 이것이야말로 복음의 핵심이다. 단순히 '예수 믿고 천국 간다'는 것만이 아니라 '이신칭의'를 통해 하나님 앞에서 누구나 똑같은 자격으로 하나님의 백성이 되었다는 것이다. 따라서 차별 없이 함께 식사할 뿐 아니라 모든 영광을 함께해야 한다는 것이 바울이 전한 복음의 핵심이다. 그는 이 기본적인 진리를 타협할 수 없었다. 그래서 대단히 큰 무리인 줄 알면서도 일어나 대선배인 사도 베드로를 질타했다.

그 후 어떻게 되었을까? 안디옥에서 어떤 일이 일어났는지에 대해 갈라디아서 2장은 더 이상 말하지 않는다. 둘 중 하나였을 것이다. 베드로가 자신의 잘못을 겸손히 인정하고 반성했든지, 아니면 화를 내며 싸늘하게 대하며 바울을 밀어 냈든지!

정확한 역사적 사실을 밝힐 자료는 부족하다. 하지만 학자들은 이 갈등으로 바울이 오랫동안 곤혹을 치렀을 것으로 추정한다. 갈라디아서를 통해 바울이 전하는 핵심은 '이방인과 유대인의 하나 됨'이다. 만약 베드로가 안디옥 사건 당시 바울의 질타를 듣고 그의 의견에 동의했다면 그 사실을 분명히 언급했을 것이다. 바울이 지금 갈라디아서를 쓰고 있는 목적을 강력히 뒷받침하는 근거가 되기 때문이다. 그러나 바울은 자신이 베드로를 질타했다는 사실만 쓰고 그 후 일어난 일들에 대해서는 적지 않았다.

사도행전과 바울서신의 다른 대목들을 연구한 결과 역시 그 방향을 지지한다. 바울은 교회 내에서 영향력이 미비했고, 친히 역사적 예수를 따르던 제자 그룹에도 속하지 못했고, 더구나 석연치 않은 과거 이력까지 달고 다니던 목회자였다. 그런 그가 교회의 기둥으로 여겨지던 베드로와 맞선 결과, 또한 자신의 후견인이었던 바나바까지 대적한 결과, 그의 삶은 가시밭길로 점철되었다.

안디옥 사건의 결과

안디옥 사건의 결과를 고린도후서 3장에서 확인할 수 있다.

우리가 다시 자천하기를 시작하겠느냐 우리가 어찌 어떤 사람처럼 추천서를 너희에게 부치거나 혹은 너희에게 받거나 할 필요가 있느냐 너희는 우리의 편지라 우리 마음에 썼고 뭇 사람이 알고 읽는 바라(고후 3:1-2).

'그리스도의 편지'라는 서정적 이미지의 말씀이 담겨 있다. 그런데 사실 이 표현에는 바울의 뼈아픈 사정이 들어 있다.

고린도 교회는 바울이 개척하고 설립했다. 고린도 성도들은 바울을 통해 예수님을 알게 되었고 성령을 경험했으며, 그에게 가르침을 받은 대로 신앙생활을 해 왔다. 그러던 어느 날 어떤 사람들이 와서 바울을 가리켜 가짜라고 비난했다. 바울이 전하는 복음을 폄훼한 것이다.

바울이 베드로에게 맞서고 은인이었던 바나바와도 등을 돌리게 된 사실에 대한 언급은 바울에 대한 신뢰를 흔드는 데 결정적이었을 것이다. 그들은 복음 사역을 하려는 이들에게는 공적인 교회의 대표인 예루살렘 공동체의 추천서가 필요한데, 바울에게는 그것이 없다는 사실로 몰아붙였다. 이러한 음해에 고린도 성도들은 부화뇌동했고, 그 결과 바울은 자신이 세운 고린도 교회로부터 공격당하는 가슴 아픈 상황에 이르렀다.

바울은 자신을 향해 사역자로서의 자격을 입증할 추천서를 요구하는 성도들에게, 바로 고린도 교회의 존재 자체가 자신을 위한 추천서라고 답했다. 성령이 바울의 선포를 통해 하나님의 말씀을 그들의 마음에 드러내 주셨기 때문에 그들이 생명을 얻고 그리스도인이 된 것이다. 다른 어떤 증명이 필요한가? 종이에 쓴 문자가 생명을 살리는 일을 할 수 있는가? 문자는 죽이는 것이요, 영은 살리는 것이다(고후 3:6). '너희는 우리의 편지'라는 아름다운 표현은 이런 뼈아픈 상황, 절박한 마음을 담고 있다.

다른 사역자들이 당하지 않는 비난을 바울이 당했던 이유는 분명하다. 그가 "이방인도 유대인과 똑같이 하나님의 백성이다"라는, 당시로서는 무척 급진적인 복음을 전했고, 교회들에게 철저한 실천을 요구했기 때문이다.

또한 로마서를 보자.

또는 그러면 선을 이루기 위하여 악을 행하자 하지 않겠느냐 어떤 이들이 이렇게 비방하여 우리가 이런 말을 한다고 하니 그들은 정죄받는 것이 마땅하니라(롬 3:8).

로마는 바울이 한 번도 가 본 적 없는 지역이었다. 다른 바울서신들은 모두 바울이 개척한 교회나 그를 아버지라 부를 만한 동역자들에게 보낸 편지다. 이런 점에서 로마서는 독특하다. 바울은 로마 방문을 계획하면서 고린도에서 편지를 쓰고 있었다. 그런데 자신에 대한 악소문이 자신보다 먼저 로마 교회에 도착했다는 사실을 알게 되었다. 이에 "나를 비방하는 사람들이 있는데 그렇지 않습니다"라는 내용의 편지를 써 보내 자신을 미리 변호하는 구절이 로마서에 들어 있다.

마침내 로마에 도착했을 때도 그곳의 많은 사람이 바울을 환영하고 존중했던 것 같지 않다. 빌립보서를 통해 이를 알 수 있다.[8] 디모데후서에도 이런 말이 나온다.

너는 어서 속히 내게로 오라 데마는 이 세상을 사랑하여 나를 버리고 데살로니가로 갔고 그레스게는 갈라디아로, 디도는 달마디아로 갔고 누가만 나와 함께 있느니라 네가 올 때에 마가를 데리고 오라 그가 나의 일에 유익하니라(딤후 4:9-11).

바울의 가장 큰 고통은 외부로부터의 핍박이 아니었다. 로마 당국자들이 아무리 그를 잡아 가두고 핍박하고 심지어 죽이려 든다 할지라도 그것이 바울에게 치명적인 아픔을 주지는 못했다.

오히려 그 핍박이 복음 전파의 진전으로 작용했다는 말도 가능했다(빌 1:12). 정말 바울을 힘들게 한 것은 동료 그리스도인들의 공격과 외로움이었다.

그의 곁에 있던 사람들이 하나둘 떠나갔다. 바울이 전한 복음을 이해하지 못해서, 자신들에게 익숙한 전통에서 이유(離乳)하지 못해서, 인간적인 동기로 서로 경쟁하고 시기하다가, 그 외 갖가지 이유로 그를 떠나갔다. 그러다 마침내 로마 감옥에서 죽음을 앞두고 고독했던 바울의 마지막 날들을 잘 보여 주는 글이 디모데후서 4장이다.

바울은 외로운 사람이었다. 교회 안에서 그를 이해하고 지지해 주는 사람은 소수였다. 놀라운 사실은, 주후 2세기 초반에 가면 바울이 사도 중의 사도, 가장 훌륭한 사도로 추앙받았다는 것이다. 2세기 기독교 문헌에 나타나는 '그 사도'(the apostle)라는 표현을 살펴보면 90% 이상이 바울을 가리키는 표현이다. 바울이 생존 시 자기 역시 사도 중 한 명으로 인정받기를 간절히 원했지만 여의치 않았다는 점을 생각하면 엄청난 변화다. 한편, 예루살렘 교회의 중심에서 막강한 영향력을 가졌던 베드로는 바울에 비하면 주변적인 인물로 밀려난 느낌이 강하다.

바울은 따돌림을 당한 채로 죽었지만, 그가 전한 복음은 성경의 반 이상을 차지한다. 그는 디모데후서 4장 11절에서 "누가만 나와 함께 있느니라 네가 올 때에 마가를 데리고 오라"고 말했다. 누가와 마가는 바울 곁에 끝까지 있었던 몇 안 되는 사람들이다. 그런데 누가는 누가복음과 사도행전을 썼고, 마가는 마가복음을 기록해 공관복음의 흐름을 만들었다.

그리스의 정치가 솔론(Solon)은 "어떤 사람도 죽기 전에는 행복한 사람이라 하지 말라"라는 말을 남겼다. 중국 당나라의 시인인 두보(杜甫)는 "개관사정"(蓋棺事定), 즉 "사람의 일이란 관 뚜껑 덮고 나서야 알 수 있다"라고 했다. 사실 관 뚜껑을 덮을 때도 잘 모르는 것이 한 사람의 삶과 그 의미다. 바울이 숨을 거둘 때만 하더라도 그는 교회 안에서 별 볼 일 없는 사람이었다. 여러 가지 악소문에 시달리며 사도로서 제대로 인정받지도 못했다. 그런데 바울은 세상을 떠나고 약 30-40년의 세월이 지나 교회의 기초를 놓은 사도들 중에 가장 훌륭하고 중요한 사도로 자리매김했다.

이유가 무엇일까? 가장 중요한 이유는 바울이 남긴 편지에 있다. 바울 자신도 고린도후서 10장 10절에서 이렇게 말했다.

그들의 말이 그(바울)의 편지들은 무게가 있고 힘이 있으나 그가 몸
으로 대할 때는 약하고 그 말도 시원하지 않다 하니(고후 10:10).

바울의 겉모습과 평판 자체는 초라했을지 모르지만, 그의 편지
에는 무게와 힘이 있었다. 사람들이 바울의 편지를 읽기 시작하
면서 은혜를 받았다. 교회마다 바울의 편지를 돌려 보며 감동을
받았고, 예배 시에 읽으면서 하나님의 음성으로 들었으며, 신앙
의 지침으로 삼았다. 이른바 베스트셀러가 된 것이다.

기독교 역사에서 아우구스티누스(Augustinus)와 같은 위대한 교
부나 마르틴 루터(Martin Luther), 존 웨슬리(John Wesley)를 비롯한
걸출한 종교 개혁자들의 회심 이야기도 바울이 쓴 글을 읽으면
서 일어났던 것으로 전해진다. 이런 역사가 바울 사후, 얼마 되
지 않은 시점부터 일어나기 시작한 것 같다. 바울의 편지이기에
존중받은 것이 아니라, 편지의 바울이어서 존중받게 되었다는 말
이다.

주후 70년에서 120년 사이의 기간은 바울서신을 제외한 신약
성경의 대부분이 기록된 시기다. 이 시기에 바울의 편지가 집중
적으로 읽히고 힘을 얻으면서 권위를 얻어 갔다는 뚜렷한 증거들

이 있다.[9] 신약 성경의 기록과 형성 자체에 점증하는 바울의 권위가 영향을 끼쳤다는 의미다.

그리스도인인 우리는 바울이 어떤 사람인지를 잘 알 필요가 있다. 사도행전의 대부분이 바울의 이야기다. 신약 성경에서 예수님을 제외하고 일대기가 이토록 자세히 기록된 사람은 아무도 없다. 바울의 회심 이야기는 세 번에 걸쳐서 보도되었다. 초대 교회는 예수님 다음으로 바울에게 집중했다. 바울은 당시 신앙 공동체에서 예수님 다음으로 관심의 대상이 된 인물이었다.

바울은 놀라운 사람이다. 예수님을 3년 동안 따라다니던 사도들도 잘 몰랐던 예수 그리스도, 창조부터 아브라함의 선택, 다윗과의 언약, 바벨론 포로를 거친 긴 구원의 역사 가운데 펼쳐진 하나님의 뜻을 정확하게 전해 주었다. 이러한 바울의 인생은 예수님만큼은 아니지만, 그다음으로 감동적인 복음의 능력을 보여 준다.

비슷한 예로 빈센트 반 고흐(Vincent van Gogh)를 들 수 있다. 오늘날 그의 그림은 전 세계적으로 가장 큰 인기를 끌며 천문학적인 액수에 판매되고 있다. 고흐와 관련해 흥미로운 점은, 그가 그림만 그린 것이 아니라 동생 테오에게 보낸 많은 편지를 남겼다는 사실이다. 덕분에 현대 미술사 학자들은 그 편지들을 분석하고 연구하며 고흐의 그림을 이해하는 중요한 지침을 얻을 수 있었다.

고흐는 그림도 훌륭하지만, 살아 있을 때 가난하고 불행한 삶을 살았기 때문에 후세 사람들에게 더욱더 주목을 받았다. 그의 동생 테오는 미술상으로서 많은 돈을 벌었다.

생전에 고흐는 그림이 팔린 경우가 거의 없었다. 그림을 그리고 싶었지만 정작 물감 값이 없는 비참한 상황에서 그가 살아갈 생활비와 재료비를 늘 동생 테오가 보내 줬다. 고흐는 그런 동생에게 다음과 같은 내용의 편지를 써서 보냈다.

"동생 테오에게. 지금은 아니지만 언젠가는 내 그림이 물감 값 이상의 가치를 인정받을 때가 올 거다."

놀랍지 않은가? 오늘날 가장 존경받는 위대한 화가인 고흐는 자신의 그림을 아무도 거들떠보지 않는 힘겨운 삶을 살았다. 하지만 그 고난 가운데서도 언젠가 자기 작품이 세상에서 인정받을 날이 올 것을 기대하고 소망했다. 바울의 처지와 무척 흡사하다. 바울은 사람들로부터 철저히 소외되고 따돌림을 당했다. 다음과 같은 비난을 수도 없이 들었다. "저 사람은 사도도 아니야. 다메섹으로 가다가 뭘 봤다며 자기 스스로 사도라고 하는데, 그냥 하는 말이지 뭐", "그전에는 그리스도인들을 수도 없이 잡아 가두고 심지어 죽게 한 사람이야", "예수님을 믿은 다음에도 베드로와 같은 훌륭한 어른에게 건방지게 대들고, 심지어 오갈 데 없는 자신을 받아 주고 후원해 준 바나바와도 갈라선 사람이야."

그렇지만 그 초라했던 바울이 전한 복음이 지금 기독교 신앙의 기초가 되었다. 이러한 사실을 돌이켜 보면, 하나님이 한 인생을 빚으며 하나님의 교회를 세워 가시는 놀라운 섭리 앞에 고개를 숙이게 된다.

바울은 다른 사도들과 달리 "땅끝까지 가서 주의 복음을 전하라"라는 말씀을 예수님께로부터 직접 듣지는 못했다. 하지만 그 누구보다도 열심히 예루살렘과 로마로 향했고, 마지막에는 스페인까지 가서라도, 땅끝까지 가서 주의 복음을 증거하겠다는 열정으로 살았다.

하지만 복음 증거를 위한 그 열정적인 뜻조차 원하던 대로 되지 않았다. 결국 그는 스페인에 가지 못했다. 비록 바울이 바라던 소원은 이루어지지 않았지만, 하나님은 그를 통해서 하나님의 뜻이 이루어지는 참으로 귀하고 아름다운 삶을 살게 하셨다. 우리 인생 또한 하나님의 손안에 있음을 믿고, 하루하루 사명으로 받은 삶을 잘 감당해 가길 기도한다.

1 │ 바울은 편지를 쓰면서 언제나 '은혜와 평화'라는 인사를 전했다. 두 단어는
바울의 신학이 집약된 표현이다. 평화(샬롬)는 당시 유대인들의 인사이기도
했고, 로마 제국도 '평화'(Pax)를 자신들의 역사적 소명으로 인식했다. 오늘
날에도 모든 사람이 평화를 갈망한다. 그러나 성경은 은혜가 있어야 평화가
가능하다는 점을 분명히 한다. 은혜와 평화가 에베소서 2장에서 어떻게 나
타나는지, 그리고 누가복음 15장 탕자의 비유에서는 은혜와 평화의 중요성
을 각각 어떻게 찾아볼 수 있는지 나누어 보자.

2 │ 3부에서 살펴본 내용 중에 자신이 평소에 알던 바울에 대한 시각을 풍성
하게 해 주거나 교정해 주는 부분이 있는가? 바울서신과 사도행전의 바울
을 비교해 보면 어떤 공통점과 차이점을 발견할 수 있는가? '바울처럼 산
다'는 말은 내게 어떤 느낌을 주는가? 나는 그 도전을 내 삶에 어떻게 적용
할 수 있을까?

3 | 바울은 신학적으로, 또 교회 정치적으로 소수자로 살았다. 바울의 처지를 어렵게 만든 결정적인 사건은 안디옥에서 일어난 일이었다(갈 2장). 이 사건은 어떤 면에서 파격적이었나? 바울은 이 일로 자신이 어려움을 당할 것을 알았으나 그럼에도 소신껏 행했다. 여기에 복음에 대한 바울의 이해와 자세가 어떻게 나타나 있는가? 이 일은 바울의 행보에 어떤 영향을 끼쳤는가? 바울은 크게 인정받지 못하고 이 땅에서의 삶을 마감한 것으로 보인다. 그런데 어떻게 사후 수십 년이 지나 그리스도교의 가장 중요한 사도가 되었나? 이 흐름을 어떻게 설명할 수 있을까? 바울의 삶을 사용하시는 하나님의 섭리는 우리에게 어떤 도전을 주는가?

QUICK
TO LISTEN

신약의 서신들과 묵시문학

히브리서, 공동서신, 요한계시록

1

히브리서

4부에서는 히브리서에서 요한계시록까지 살펴보겠다. 요한계시록을 제외하면 모두 서신으로 분류되지만, 엄밀한 의미에서의 서신과는 다른 책도 있다. 히브리서와 요한일서의 서두를 보자.

옛적에 선지자들을 통하여 여러 부분과 여러 모양으로 우리 조상들에게 말씀하신 하나님이(히 1:1).

태초부터 있는 생명의 말씀에 관하여는 우리가 들은 바요 눈으로 본 바요 자세히 보고 우리의 손으로 만진 바라(요일 1:1).

바울서신은 언제나 발신자, 수신자, 인사말 등 세 요소로 시작한다고 앞서 살펴보았다. 당시 편지의 일반적인 형식을 따른 것이다. 공동서신 중에도 이런 형식을 따르는 책이 있다.

그러나 히브리서나 요한일서는 엄밀한 의미에서의 서신이라는 형식을 따르지는 않았다. 하나의 설교나 논문의 형태에 가깝다고 할 수 있다. 서두뿐만 아니라 어떤 저자가 특정한 공동체(혹은 개인)의 특정한 상황을 염두에 두고 쓴 편지라는 좁은 의미의 '편지' 개념에서 벗어나는 성격이 있다. '공동서신'이라는 제목은 어떤 저자가 '일반적인 독자'를 염두에 두고 썼다고 해서 붙여진 이름이다. 그런 점에서 일반적인 편지나 바울서신과는 다른 면이 있다는 점을 염두에 두고 읽을 필요가 있다.

히브리서의
주제

히브리서는 예전에는 바울서신의 일부로 간주되었으나, 지금은 바울의 저작이 아니라고 보는 학자들이 다수다. 그렇다고 공동서신에 포함시키는 경향이 자리 잡은 것도 아니다.

이 멜기세덱은 살렘 왕이요 지극히 높으신 하나님의 제사장이라 여러 왕을 쳐서 죽이고 돌아오는 아브라함을 만나 복을 빈 자라 아브라함이 모든 것의 십분의 일을 그에게 나누어 주니라 그 이름을 해석하면 먼저는 의의 왕이요 그다음은 살렘 왕이니 곧 평강의 왕이요 아버지도 없고 어머니도 없고 족보도 없고 시작한 날도 없고 생명의 끝도 없어 하나님의 아들과 닮아서 항상 제사장으로 있느니라(히 7:1-3).

멜기세덱은 무척 신비로운 인물이다. 성경에 등장하는 비중 있는 인물들 대부분은 적어도 그의 아버지를 언급하며 그가 누구의 아들이라는 간단한 소개가 나온다. 아브라함은 데라의 아들이고, 이삭은 아브라함의 아들이고, 다윗은 이새의 아들이라는 식이다. 하지만 멜기세덱은 믿음의 조상에게 축복하는 매우 중요한 인물임에도 그에 대한 아무 정보도 제공되지 않고 그냥 사라진다.

히브리서는 저자가 누구인지를 알기도 어렵고, 용어들이나 논리의 전개 역시 난해하다. 학자들은 우스갯소리로 히브리서가 멜기세덱처럼 참 신비롭고 난해하다고 말하곤 한다. 그러나 멜기세덱이 구약 성경의 다른 부분에서 전혀 언급되지 않는 것은 아니다.

여호와는 맹세하고 변하지 아니하시리라 이르시기를 너는 멜기세덱의 서열을 따라 영원한 제사장이라 하셨도다(시 110:4).

이 시편 말씀은 신약 성경에서 가장 많이 인용된 구약 성경의 구절이다. 예수님 스스로도 자신을 가리키는 말로 인용하셨다(마 22:41-46; 막 12:35-36; 눅 20:41-44). 이 구절은 초대 교회가 그리스도를 구약의 예언의 맥락에서 이해하는 데 중심적인 역할을 했다. 히브리서가 멜기세덱을 인용해 펼치는 기독론도 초대 교회의 풍성한 이해에 맞닿아 있지, 결코 동떨어진 것은 아니다. 히브리서는 멜기세덱을 구약 성경에서 인용해 아론 계열의 어떤 제사장보다 탁월하신, 우리의 영원하고 유일한 참 제사장이신 예수님을 전한다.

복음서를 살펴보면서 "예수님은 어디에 계신가?"라는 질문이 중요하며, 누가-행전은 승천하여 하늘에서 역사를 주관하시는, 교회를 통하여 일하시는 그리스도를 강조한다고 언급했다. 히브리서 역시 승천을 강조한다. 구약의 대제사장이 백성을 대표하여 지성소에 들어가듯이, 그리스도가 승천하여 하늘에 들어가셨기 때문에(히 4:14) 죄인인 우리가 은혜의 보좌 앞에 담대히 나아갈 수 있게 되었다고 말한다(히 4:16).

이렇듯 히브리서는 땅 위에 있는 지성소는 하늘에 있는 '실체'를 보여 주는 '모형'이요 '그림자'라고 설명한다. 실체와 모형이라는 구도는 플라톤(Plato)의 이데아론을 연상하게 한다. 히브리서는 구약의 율법과 제사 제도의 세세한 부분까지 언급하고 있는 아주 유대적인 복음서다. '히브리서'라는 이름부터 그렇다. 그러면서 당대의 철학적 개념과 용어들을 적절히 사용하고 있는 점이 경이롭다. 가장 유대적이면서, 동시에 가장 헬라적인 책이라 할 수 있다. "가장 한국적인 것이 가장 세계적인 것이다"라는 말이 있듯이, 특수와 보편의 관계, 그리고 인문학적 지식을 활용한 복음의 소통 등의 주제에 큰 통찰을 주는 책이다.

히브리서의 독자들은 유대인들로서, 그리스도의 복음을 받아들였으나 여러 가지 도전으로 다시 유대교로 돌아갈 위기에 처해 있는 것으로 보인다. 흘러 떠내려가지 않기 위해서는 '들은 것에 더욱 유념'해야 한다.

그러므로 우리는 들은 것에 더욱 유념함으로 우리가 흘러 떠내려가지 않도록 함이 마땅하니라(히 2:1).

히브리서는 3-4장에 시편 95편 7-8절을 인용한 말씀이 세 번이나 나오는 것이 특이하다.

오늘 너희가 그의 음성을 듣거든 광야에서 시험하던 날에 거역하던 것같이 너희 마음을 완고하게 하지 말라(히 3:7-8: 참고 3:15, 4:7).

시편 95편은 다윗이 광야에서 하나님의 음성이 들리던 때를 상기하며 자신의 때에 하나님의 음성을 듣는 일의 중요성을 강조한 말씀이다. 히브리서 기자는 이 시편을 다시 인용하면서 자기 시대에 적용했다.

히브리서는 처음부터 "옛적에 선지자들을 통하여 여러 부분과 여러 모양으로 우리 조상들에게 말씀하신 하나님이"(히 1:1)라고 시작하면서 '말씀하시는 하나님'에게 초점을 맞추고 있다. 독자들은 그 말씀을 오늘 우리에게 주시는 하나님의 말씀으로 들어야 한다는 말씀의 현재성을 강조한 것이다. 우리는 다시 히브리서의 말씀을 읽으면서 21세기를 살아가는 우리에게 주시는 하나님의 말씀으로 받아들여야 한다. 그리스도의 유일성과 탁월성이 유대교로 돌아가려는 유혹에 빠진 이들에게 필요한 진리였다. 오늘 우리의 신앙은 어떤 도전을 받고 있는지 헤아려 볼 필요가 있다.

히브리서에서 가장 유명한 장은 '믿음 장'이라 불리는 11장이다. 많은 믿음의 영웅을 소개하는 이 장은 다음과 같이 끝맺는다.

이는 하나님이 우리를 위하여 더 좋은 것을 예비하셨은즉 우리가 아니면 그들로 온전함을 이루지 못하게 하려 하심이라(히 11:40).

노아, 아브라함, 모세 등 걸출한 신앙의 위인들을 소개한 후 마지막 결론은 "우리가 맡고 있는 이 일이 그들보다 더 중요합니다. 우리가 아니면 그들의 분투도 미완성으로 끝날 것입니다"라는 것이다. 놀랍지 않은가? 이 단언은 "우리에게 구름같이 둘러싼 허다한 증인들이 있으니 … 인내로써 우리 앞에 당한 경주를 하자"는 권면으로 이어진다(히 12:1).

마라톤 같은 긴 경주를 릴레이로 한다고 생각해 보자. 먼저 자신의 길을 열심히 달렸던 이들이 경기장에서 마지막 주자들이 달리는 모습을 지켜보며 응원하고 있는 상황이다. 그들이 열심을 기울여 달린 경주가 완성되는 것은 마지막 주자들에게 달려 있다는 것이다. 우리가 아브라함이나 모세보다 더 중요한 일을 맡고 있는 이유는 우리가 더 훌륭해서가 아니다. 시대가 그렇기 때문이다. 경주에서 마지막 주자를 맡았기 때문이다.

구약의 신앙 위인들은 그리스도의 구원을 기대하며 사역했다. 그러나 우리는 이미 이 땅에 도래한 하나님 나라를 증거하고, 그리스도의 복음을 땅끝까지 전하는 사명을 부여받았다. 이처럼 히브리서는 그리스도의 탁월성과 그리스도를 전하며 살아가는 사명의 위대함을 강조함으로써 독자들에게 견고한 믿음을 심어 주려 한다.

2

공동서신

히브리서를 제외한 공동서신은 다음과 같이 구성되어 있다.

| 공동서신 |

야고보서 베드로 전·후서 요한 일·이·삼서 유다서

우선 주목해야 할 것은 바울서신과 다른 제목 형식이다. 바울서신은 수신자가 제목이 되었다. 예를 들어, 디모데전·후서는 저자인 바울이 아닌, 수신자인 디모데의 이름에서 가져왔다. 반면, 공동서신은 저자의 이름이 제목이 되었다. 가령 베드로전·후서

와 요한일·이·삼서는 각 책의 저자인 베드로와 요한의 이름을 따왔다. 그 이유는, 여러 가지를 생각해 볼 수 있겠지만 가장 중요한 점은, 공동서신의 수신자는 특정 교회나 개인이 아닌 '공동'의 모든 그리스도인이기 때문이다.

공동서신의 저자는 야고보, 베드로, 요한, 유다 등 넷이다. 이 중 유다서는 분량이 짧고 야고보와 함께 예수님의 동생이기 때문에 편의상 야고보서와 묶어서 생각해 보자. 그러면 야고보와 베드로와 요한 등 세 명의 이름을 얻을 수 있다. 우리는 세 명의 이름을 사도 바울의 글에서 발견할 수 있다. 바울은 소명을 받은 후 두 번째 예루살렘에 갔을 때의 일을 기술하면서 다음과 같이 언급했다.

또 기둥같이 여기는 야고보와 게바와 요한도 내게 주신 은혜를 알므로 나와 바나바에게 친교의 악수를 하였으니 우리는 이방인에게로, 그들은 할례자에게로 가게 하려 함이라(갈 2:9).

갈라디아서 2장에서 바울은 지나온 삶을 회상하며 바나바와 디도와 함께 예루살렘에 올라갔던 이야기를 했다. 그런데 예루살렘에는 '기둥같이 여기는' 세 사람이 있었다. 바로 야고보와 게

바(베드로)와 요한이었다. 공동서신의 저자 세 명이 여기에 등장한다. 동시에 그들은 '예루살렘 교회'의 대표였다. 바울과 바나바는 '이방 교회'의 대표였다. 당시 이방 선교를 두고 양측이 첨예하게 대립한 의제들이 있었다. 양측 대표가 만나면 긴장과 갈등이 있을 수 있었다.

그런 까닭에 바울은 갈라디아서 2장 9절에서 자신과 바나바가 그 세 명과 함께 '친교의 악수'를 했다고 기술했다. 서로 다르지만 잘 화합했다고 이야기한 것이다. 바울은 그로써 복음의 내용은 동일하게 공유하지만, "우리[바울과 바나바]는 이방인에게로, 그들[야고보, 베드로, 요한]은 할례자[유대인]에게로 가게 하려 함이라"라고 말하며 선교 대상을 구분했다. 바울이 묘사한 바에 따르면, 당시 세계 교회의 양대 산맥을 다음과 같이 그려 볼 수 있다.[10]

| 갈라디아서가 말하는 초대 교회 두 진영 |

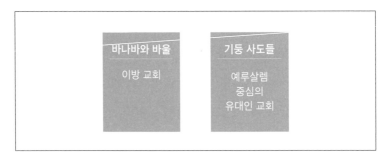

바나바와 바울	기둥 사도들
이방 교회	예루살렘 중심의 유대인 교회

한쪽은 바울과 바나바가 대표하는 이방 교회이고, 다른 한쪽은 예루살렘 중심의 유대인 교회로서 '기둥 사도' 세 사람, 즉 야고보와 베드로와 요한이 대표한다. 두 진영은 강조점은 조금 다르지만 같은 복음을 위해서 협력했다. 그 복음이 오늘날 우리에게 전해진 신약 성경과 그리스도교 신앙을 이루고 있다.

참 믿음은
무엇인가?

둘 사이의 대표적인 논쟁거리는 바로 믿음과 행함의 관계다. 야고보의 말을 들어 보자.

내 형제들아 만일 사람이 믿음이 있노라 하고 행함이 없으면 무슨 유익이 있으리요 그 믿음이 능히 자기를 구원하겠느냐 … 네가 보거니와 믿음이 그의 행함과 함께 일하고 행함으로 믿음이 온전하게 되었느니라(약 2:14, 22).

성경에는 신학적으로 조금씩 차이가 드러나는 지점들이 있다. 그 차이점을 지나치게 강조하는 태도는 말씀을 잘못 읽는 것이다. 이미 앞서 복음서와 복음서 사이, 그리고 복음서와 바울서신 사이에서도 차이를 넘어서는 많은 공통점을 발견했다. 마찬가지로 야고보서와 로마서 각각에 시각과 강조점의 차이가 있음은 분명하다. 1부에서 복음서 간의 차이를 논하면서 살펴보았듯이, 저자 개인의 소신이나 스타일의 차이일 수도 있지만 독자들의 상황 차이에서 기인한 면도 있을 것이다. 이를테면 이신칭의를 지나치게 강조하다 보니 행함의 중요성이 약해진 상황을 그려 볼 수 있다. 그러나 야고보서도 '구원의 조건은 믿음'이라는 대전제를 부정하지 않는다.

"'믿음으로 구원을 얻는다'고 가르치는 로마서나 갈라디아서와 달리 야고보서는 '행함으로 구원을 얻는다'고 말한다"는 말은 완전한 오해다. 야고보서 역시 '믿음으로 구원을 얻는다'는 진리를 분명히 인정한다. 다만, 야고보는 "그렇다면 과연 무엇이 참된 믿음인가?"를 묻는 것이다.

진정한 믿음이란 무엇인가? 야고보는 구원에 이르는 올바른 믿음에는 행함이 따라오게 되어 있다고 말했다. 믿음에 더하여 행함이 있어야 구원을 얻는다는 말이 아니라(<그림 A> 참조), 올바른 믿음은 행함을 포함한다는 의미다(<그림 B> 참조).

| 믿음과 행함 |

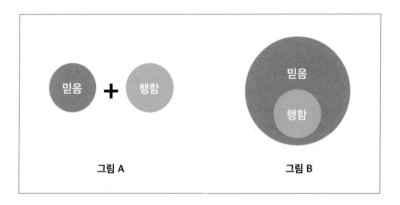

바울이 말한 믿음 역시 "사랑으로써 역사하는 믿음"(갈 5:6)이다. 바울은 첫 편지에서 데살로니가 성도들의 믿음의 행위와 사랑의 수고와 소망의 인내를 칭찬했다(살전 1:3). 또한 고린도전서에서는 다음과 같이 역설했다.

불의한 자가 하나님의 나라를 유업으로 받지 못할 줄을 알지 못하느냐 미혹을 받지 말라 음행하는 자나 우상 숭배 하는 자나 간음하

는 자나 탐색하는 자나 남색하는 자나 도적이나 탐욕을 부리는 자
나 술 취하는 자나 모욕하는 자나 속여 빼앗는 자들은 하나님의 나
라를 유업으로 받지 못하리라(고전 6:9-10).

바울은 믿는다고 말하기만 하면 무슨 짓을 해도, 어떤 죄를 저
질러도 구원이 흔들림 없을 것이라는 복음을 전한 적이 없다. 아
무리 도덕적이라고 인정받는 사람이라도 그의 선행이 자신을 구
원할 수 없고 여전히 하나님의 은혜가 필요하다. 그런 의미에서
구원은 '오직 은혜로', '오직 믿음으로' 받는 것이다. 야고보와 바
울이 강조점의 차이는 있지만 본질적으로는 같은 말을 하고 있다
는 것을 알 수 있다.

베드로와
바울

베드로는 "**바울도** 그 받은 지혜대로 너희에게 이같이 썼고"(벤후

3:15)라며 베드로후서에서 바울을 인용했다. 그렇다고 해서 그가 바울의 견해 전부를 흔쾌히 인정하지는 않은 것 같다. 베드로는 동시에 16절에서 이렇게 말했다.

또 그 모든 편지에도 이런 일에 관하여 말하였으되 그중에 알기 어려운 것이 더러 있으니 무식한 자들과 굳세지 못한 자들이 다른 성경과 같이 그것도 억지로 풀다가 스스로 멸망에 이르느니라 (벧후 3:16).

즉 베드로는 바울의 생각 자체가 잘못되었다고 보지는 않았다. 다만, 바울의 편지에 알기 어려운 것이 더러 있어서 무식한 자들과 굳세지 못한 자들이 오해하기도 한다고 말했다.

정리하면, 바울의 주장과 베드로, 야고보의 입장이 조금 다른 것은 사실이다. 바울은 본래부터 이방인을 위한 사도였고, 야고보와 베드로와 요한은 유대인의 전통을 매우 소중히 여기는 사도들이었다. 그럼에도 베드로는 바울, 특별히 그가 쓴 편지의 권위를 매우 중요하게 인정했다. 이것은 오늘날 우리가 교회를 어떻게 섬겨야 하는지를 보여 주는 고귀한 신약 성경의 정신이다. 약간의 차이가 있지만 서로를 하나님의 도구로 여기는 것이다.

17세기 독일 신학자 루퍼투스 멜데니우스(Rupertus Meldenius)는 다음과 같은 유명한 라틴어 경구를 남겼다.

"*In necessariis unitas, in dubiis libertas, in omnibus caritas*"(본질적인 것에는 일치를, 비본질적인 것에는 자유를, 그리고 이 모든 것에 사랑을).

교회가 역사적으로, 그리고 오늘날 심각하게 갈등하고 싸우는 문제를 자세히 들여다보면 사실 그렇게 중요하지 않은 경우가 대부분이다. 따라서 결코 양보할 수 없는 신앙의 본질에 있어서는 일치를 이루고, 나머지는 서로 관용하며, 그 모든 것에 사랑을 더하는 마음을 가져야 한다. 물론 현실 교회에서는 이 간단한 명령을 실천하기 쉽지 않은 상황을 자주 만날 것이다. 그때 초대 교회는 지금의 우리보다 훨씬 더 심각한 도전을 이겨 내고 일치를 향해 나아갔다는 점을 기억하면 도움이 될 것이다.

3

요한계시록

요한계시록은 다른 성경과 많이 다르며, 용어나 개념들이 생소하다. 그런 까닭에 요한계시록을 잘 다루지 않는 교회들이 있고, 반대로 요한계시록에 지나치게 집중하고 집착하는 교회들도 있다. 후자에 속한 그룹들 중에서 이단으로 불온하게 여겨지는 경우가 꽤 있기 때문에 요한계시록은 기피나 두려움의 대상이 되기도 한다. 그렇다면 구체적으로 어떤 부분이 다르고, 또 어떤 부분이 다르지 않은지 요한복음과의 비교를 중심으로 살펴보자.

증언이
묵시가 될 때

요한계시록 1장 3절은 "이 예언의 말씀을 읽는 자와 듣는 자와 그

가운데에 기록한 것을 지키는 자는 복이 있나니 때가 가까움이라"
라고 말한다. '읽는다'는 말은 '낭독한다'는 뜻이다. 원문에 가깝게
옮기면 다음과 같다.

이 예언의 말씀을 낭독하는 자와 그 가운데 기록된 것을 듣고 지키
는 자들은 복되도다(계 1:3, 사역).

'낭독하는 자'는 단수이고, '듣고 지키는 자들'은 복수임에 주목
하라. 사람들이 모여 있고 누군가 앞에 서서 큰 소리로 예언의 말
씀을 읽는 예배 장면을 상상할 수 있다. 이 말씀은 공동체의 공적
예배에 낭독되는 목적으로 쓰였다. 개인이 개인에게 귓속말을 하
듯이 비밀리에 속삭이는 말이 아니다. 그리고 듣는 사람들은 이
말씀을 듣고 이해하고 자신의 삶에서 실행하기를 요구받고 있다.
즉 요한계시록은 주후 90-100년쯤으로 추정되는 1세기 말 소아
시아 사람들이 듣고 이해하고 은혜를 받아 신앙의 표준으로 삼고
실행할 수 있는 말씀이었다.

모든 성경이 그렇듯이, '첫 번째 독자들'을 염두에 두는 것은 중
요하다. 이 사실을 간과하고 섣불리 현대의 시각으로 요한계시록

을 해석해서는 안 된다. 대표적인 예가 '666'이다. 이와 관련해 각종 허황된 추측이 무성했다. 가령 미국의 제16대 대통령 로널드 레이건(Ronald Wilson Reagan)을 가리켜 666이라고 주장하는 사람들이 있었다. 퍼스트 네임(Ronald)과 패밀리 네임(Reagan)은 물론이고, 심지어 미들 네임(Wilson)까지 여섯 글자이기 때문에 이런 주장이 나왔다. 최근에는 '베리칩'이나 '바코드'가 666이라고 말하며 사람들을 혼란에 빠뜨리는 일도 있었다.

이는 완전한 오해다. 왜냐하면 로널드 레이건 미 대통령이든, 베리칩이든 요한계시록 말씀을 처음 들었던 주후 1세기 교인들과는 상관이 없기 때문이다. 따라서 요한계시록은 주후 1세기 후반의 역사적인 상황 속에서 살아가던 사람들에게 하나님이 주신 말씀이라고 먼저 생각하고 읽어야 한다. 당시 사회상을 바탕으로 이해한 다음에, 하나님이 오늘을 살아가는 우리에게 들려주시는 예언의 말씀임을 깨닫고 우리 삶에 적용해야 한다.

이 점은 다른 성경을 해석하는 원리와 다르지 않다. 우리는 복음서나 바울서신도 먼저 하나님이 첫 번째 독자들에게 주시는 의미를 생각하고, 그다음 우리에게 주시는 의미를 헤아려야 한다.

요한계시록과
다른 성경의 공통점과 차이점

요한계시록은 성령의 영감으로 된 책이다. 뿐만 아니라 성경 전체가 성령의 영감으로 된 책이다. 동시에 성경은 인간의 언어로 기록되었다. 그렇기 때문에 사람들의 다양한 문체가 담겨 있고, 여러 장르가 포함되어 있다. TV 예능 프로그램과 다큐멘터리가 다르고, 문학의 소설과 시가 다르듯이 성경 역시 각 책의 장르를 먼저 고려하고 해석해야 한다.

요한계시록의 경우 '묵시문학'이라는 장르에 속한다. '같은 진리'를, 복음서나 서신서와 '다른 방식'으로, 그 시대의 문화적 배경에서 표현했다. 신약 성경의 다른 부분에서 듣거나 보지 못한 '전혀 다른 진리'를 새롭게 말하는 것이 아니다. 사실, 성경 전체가 역사를 초월한 진리를 당시 사람들이 알아들을 수 있는 구체적인 언어로 증언한 책이다.

묵시문학의 경우도 요한계시록만의 독특한 것이 아니다. 구약 성경의 다니엘서와 에스겔서에 이미 등장하고, 신약 성경도 마가복음 13장(병행. 마 24장; 눅 21장)에 매우 비슷한 내용이 많이 나온다. 마가복음 13장은 예수님이 친히 하신 말씀으로, '소묵시록', '복음서 내의 계시록'이라 불릴 정도로 요한계시록과 언어와 주제 면에서 흡사하다.

이렇게 볼 때 요한계시록을 다른 성경과 공통점이 거의 없는 아주 특별한 책으로 오해하는 것은 금물이다. 대신 많은 공통점과 차이점이 함께 있음을 염두에 두고 읽어야 한다.

그렇다면 요한계시록이 다른 성경과 구별되는 차이점은 무엇일까?

요한계시록은 "예수 그리스도의 **계시라**"(계 1:1)라고 선언하며 시작한다. 반면, 마가복음 1장 1절은 "하나님의 아들 예수 그리스도의 **복음**의 시작이라"라는 말씀으로 시작한다. '복음'과 '계시' 등 장르가 각각 다르다.

요한계시록 1장 3절은 예언의 말씀을 '듣는 자', 즉 '증인'에 대해 이야기한다. 그리고 이어지는 9절에는 "나 요한은 … 하나님의 말씀과 예수를 **증언**하였음으로 말미암아"라고 기록되어 있다. 이 책뿐만 아니라 사도 요한의 인생 전체의 목적은 예수님을 '증언'하는 것이었다. '증인'과 '증언', 두 단어는 사도행전 1장 8절에 기록된 부활하신 주님의 명령을 떠올리게 한다. 바로 "땅끝까지 이르러 내 증인이 되라"라는 말씀이다.

사도행전 1장 8절의 "부활의 증인이 되라"는 말씀과 요한계시록에서 사도 요한이 "평생 동안 하나님의 말씀과 예수님을 증언하겠다"라고 한 말은 같은 의미다. 동일한 인생의 목적, 즉 '예수님을 증언하는 것'을 다른 방식으로 표현한 것이다.

그리고 요한계시록 2장 1절은 "에베소 교회의 사자에게 편지" 했다고 기록하고 있다. 2-3장이 작은 편지를 담고 있다고 볼 수도 있고, 요한계시록 전체가 하나의 편지와 비슷한 느낌으로 교회들에 전해졌다고 볼 수도 있다. 그런 점에서 서신서와의 공통점도 발견할 수 있다. 바울서신의 초기 묶음은 일곱 권으로 되어 있었는데, 요한계시록의 일곱 교회에 보낸 편지가 바울서신의 영향으로 형성되었다는 분석도 있다. 교회를 수신인으로 편지하는 것 자체가 바울의 흔적이 강한 관행이므로, 요한계시록에 끼친 바울서신의 영향력은 간과하기 힘들다.

예수 그리스도의
계시

요한계시록은 '예수 그리스도의 **계시**'다. 여기서 '계시'는 헬라어 '아포칼립시스'('Αποκάλυψις)를 번역한 것으로, 하나님이 감추신 것을 나타내 보이셨다는 뜻이다. 그런데 이 헬라어 단어가 특별한 의미를 드러내는 전문 용어로 쓰이는 경우가 있다. '묵시'가 대표적인 예다. 역사의 마지막에 일어날 일을 전쟁을 비롯한 이원론적인 용어로 서술하는 장르를 묵시라고 한다.

요한계시록 첫머리에 나오는 '아포칼립시스'는 '계시'라는 일반적 의미와 '묵시'라는 특수한 의미가 겹쳐 있다고 볼 수 있다. 맨처음 저자가 쓸 때는 일반적 의미인 계시를 뜻했는데, 요한계시록이 유명해지면서 장르의 대표성을 갖게 되고, 후대로 가면서 특수한 의미, 즉 묵시로 읽혔을 가능성이 높다.

요한계시록을 시작하는 첫 문장인 "예수 그리스도의 계시라"(계 1:1)라는 말씀을 두고 '예수 그리스도**가 주신** 계시'인지, '예수 그리스도**에 관한** 계시'인지에 대해 학계에 뜨거운 논란이 있다. 어느 쪽인지 판가름하기가 쉽지 않다. 요한계시록은 예수 그리스도가 자신에 대해 직접 알려 주신, 신약 성경 전체와 같은 주제를 가진 말씀이라고 할 수 있다.

요한계시록은 '예언의 말씀'이다. 성경 속 예언들, 이를테면 구약의 예언서들은 미래의 일을 미리 말한다(豫言)는 점도 있지만, 하나님의 뜻을 대신 전한다는 대언(代言)의 의미가 강하다. 이 원리가 요한계시록에도 똑같이 적용되어야 한다. 물론 미래에 관한 일을 말하지만, 저자가 이 편지를 쓴 중요한 초점과 관심은 앞으로 일어날 어떤 일이 아니다. 현재의 우리가 어떻게 살아야 하는지다.

2009년 관광지로 유명한 섬나라 몰디브의 행정부는 바닷속에서 각료 회의를 진행했다. 현재의 해수면 상승률이 지속될 경우 수십 년 내에 몰디브가 다 잠겨 버릴 것이라는 예상을 전 세계에 전하기 위한 예언적 상징 행위라고 할 수 있다. 이 행위는 미래에 대한 정보를 전하는 데 목적이 있지 않다. 충격적인 미래의 모습을 제시함으로써 지구 온난화에 대응하는 현재의 행동을 촉구하기 위함이다. 요한계시록 역시 그 시대에 '현재' 처한 문제에 관심을 두고 이를 해결하기 위해 미래 이야기를 하고 있다는 것을 알아야 이 책을 제대로 이해할 수 있다.

요한계시록 저자는 자신을 다음과 같이 소개한다.

> 나 요한은 너희 형제요 예수의 환난과 나라와 참음에 동참하는 자
> 라 하나님의 말씀과 예수를 증언하였음으로 말미암아 밧모라 하는
> 섬에 있었더니 주의 날에 내가 성령에 감동되어 내 뒤에서 나는 나
> 팔 소리 같은 큰 음성을 들으니(계 1:9-10).

다시 말하지만, 성경을 공부할 때는 어떤 외부적인 정보보다
성경 자체가 알려 주는 정보를 우선 잘 살필 필요가 있다. 저자는
자신의 이름이 '요한'이라고 알렸다. 교회의 전통은 그를 '사도 요
한'으로 본다. 그렇다면 그는 예수님이 사도행전 1장 8절에서 명
령하셨던 "땅끝까지 이르러 내 증인이 되라"라는 말씀을 평생 마
음에 담고 살아왔을 것이다. 그런 까닭에 자기를 가리켜 '하나님
의 말씀과 예수를 **증언**하는 사람'으로 소개했다. 그렇게 증인으
로 살다가 에베소까지 왔고, 거기서 체포되어 밧모라는 섬에 유
배되었다.

게마트리아-666은
어떤 의미인가?

요한계시록에서 가장 논란이 되는 것 중 하나가 '666'이다. 666은
과연 무엇을 뜻할까? 이 숫자 역시 주후 1세기 말 소아시아 에베
소를 중심으로 한 여러 도시들에 살아가던 사람들에게 어떤 의미
였는지를 먼저 살펴봐야 한다.

| 히브리어 알파벳 숫자 체계 |

א	ב	ג	ד	ה	ו	ז	ח	ט
alefh	bet	gimel	dalet	hey	vav	zayin	chet	tet
1	2	3	4	5	6	7	8	9
י	ך,כ	ל	ם,מ	ן,נ	ס	ע	ף,פ	ץ,צ
yod	kaph	lamed	mem	nun	samech	ayin	pey	tsade
10	20	30	40	50	60	70	80	90
ק	ר	ש	ת					
kuf	resh	shin	tav					
100	200	300	400					

히브리어 알파벳은 '알렙', '벳', '김멜' 등의 순서로 이어진다. 지금 우리가 사용하는 아라비아 숫자가 없었던 옛사람들은 알파벳으로 숫자를 대신했다. 영어로 예를 들면, A는 1, B는 2로 여기는 식이다.

가령, '다윗'의 경우 히브리어 발음은 '다비드'(David)다. '달렛'(ד), '봐브'(ו), '달렛'(ד) 등 세 개의 알파벳 자음 순서로 이루어져 있다. '달렛'은 숫자 4, '봐브'는 숫자 6의 뜻을 가지고 있다. 히브리어의 모음은 후대에 추가된 것으로, 여기서는 제외된다.

| 게마트리아 |

David
DVD 4+6+4=14

이처럼 히브리어 '다비드'의 자음 숫자, 4와 6과 4를 더하면 14가 된다. 이것은 곧 다윗을 상징하는 숫자다. 당시 이스라엘 사람들은 '14'라는 숫자를 보면 다윗을 가리킨다는 것을 알고 있었다. 예를 들어, 마태복음 1장은 예수님의 족보를 나열한 후 다음과 같이 정리하고 있다.

그런즉 모든 대수가 아브라함부터 다윗까지 **열네 대**요 다윗부터 바벨론으로 사로잡혀 갈 때까지 **열네 대**요 바벨론으로 사로잡혀 간 후부터 그리스도까지 **열네 대**더라(마 1:17).

예수님의 족보가 아브라함으로부터 시작해 '14대'가 세 번 반복된다. 바로 다윗을 암시한다. 이를 통해 예수님의 족보가 철저하게 다윗 계열의 정통성을 따르고 있음을 강조한 것이다. 모르는 사람은 모르는 채 넘어가지만, 아는 사람들의 눈에는 확실히 보이는 내용이다.

이렇듯 히브리어 알파벳에 부여된 숫자를 통해 무언가 의미를 전달하는 표현법을 전문 용어로 '게마트리아'(Gematria)라고 한다. 그리스어에는 '이소펩시'라고 부르는 비슷한 체계가 있었고, 라틴어의 경우도 마찬가지였다.

| 666의 의미 |

נ = 50	ר = 200	ו = 6	נ = 50	ק = 100	ס = 60	ר = 200

⇓

נרון קסר(네론 카이사르) = 666

189

666으로 돌아가 보자. 결론부터 말하면 이 숫자는 초대 교회를 심각하게 박해했던 로마 황제 네로(Nero)를 가리킨다. 그의 이름은 히브리어로 '네론 카이사르'(NRWN QSR)인데 각각의 자음 숫자를 모두 더하면 666이 된다.

요한계시록이 기록되던 당시 로마 황제는 네로가 아니었다. 네로는 주후 60년대에 죽었으나 요한계시록은 그 후에 기록되었다는 것이 유력한 사실이기 때문이다. 다만, 네로같이 극악무도한 압제자를 상징하는 말로, 666을 일종의 암호처럼 사용했다.

승리의
확신

또 내가 보니 보라 어린양이 시온산에 섰고 그와 함께 십사만 사천이 서 있는데 그들의 이마에는 어린양의 이름과 그 아버지의 이름을 쓴 것이 있더라 내가 하늘에서 나는 소리를 들으니 많은 물 소리와도 같고 큰 우렛소리와도 같은데 내가 들은 소리는 거문고 타는 자들이 그 거문고를 타는 것 같더라 그들이 보좌 앞과 네 생물과 장로들 앞에서 새 노래를 부르니 땅에서 속량함을 받은 십사만 사천밖에는 능히 이 노래를 배울 자가 없더라 이 사람들은 여자와 더불어 더럽히지 아니하고 순결한 자라 어린양이 어디로 인도하든지 따라가는 자며 사람 가운데에서 속량함을 받아 처음 익은 열매로 하나님과 어린양에게 속한 자들이니 그 입에 거짓말이 없고 흠이 없는 자들이더라(계 14:1-5).

요한계시록에서 666이라는 숫자 다음으로 많은 문제가 되는 숫자가 '십사만 사천'이다. 666이 네로를 가리키듯, 이 역시 상징으로 엄청나게 많은 숫자를 의미한다. 유대인에게 12는 완전수다. 따라서 완전수를 제곱(12×12)하여 얻은 숫자인 144에 많은 수를 의미하는 1,000을 곱해서 얻은 '십사만 사천'(144,000)은 정말 많은 숫자를 뜻한다.

예를 들어, 예전에 한화 '1억', 혹은 미화 '100만 달러'는 어마어마하게 큰 액수를 의미했다. 물론 요즘에는 가치가 상당히 떨어졌다. 그러나 '백만장자'라는 관용어는 여전히 큰 부자를 의미한다. 특히 100여 년 전의 문서에서 '백만장자'라는 표현을 읽게 된다면 오늘날의 가치로 따져 봐서는 안 된다.

구약 성경에서 예언자 엘리야는 하나님께로부터 "바알에게 무릎 꿇지 않은 7천 명을 남기겠다"는 말씀을 듣고 나서(왕상 19:18) 민족의 운명에 대한 고민을 내려놓고 안심하며 너무나 가슴 벅차했다. 오늘날의 인구수 대비, 한국에 천 만을 넘는다고 하는 그리스도인들의 수를 감안하면 7천은 너무 적은 숫자다. 그래서 부흥 집회 등에서 "모두가 타락해도 하나님이 신실한 소수는 남겨 놓으셨다. 우리가 그 소수가 되자"는 의미로 '바알에게 무릎 꿇지 않은 7천'이 회자되곤 한다.

그러나 엘리야 당시에 7천은 굉장히 많은 숫자였다. 사마리아나 예루살렘의 인구가 아마도 몇만, 혹은 그 수준을 크게 넘지 않았음을 고려해 보자. 더구나 엘리야는 자신과 함께 거짓 선지자들에 대적할 신실한 백성이 아무도 없다고 절망하던 터였다. 여기서 7천의 의미는 대단히 많은 숫자다. 적어도 엘리야가 예상하고 절망하던 숫자보다는 압도적으로 많은 수의 신실한 이들이 있다는 말이다.

에베소는 당시 로마 제국 전체에서도 손꼽히는 대도시였다. 도시 중심에 있는 에베소 극장은 그 도시의 권력 구조와 세계 이해를 보여 주는 하나의 소우주(microcosm)였다. 에베소 극장은 약 2만 5천 명이 들어가는 규모였다. 그 시대 에베소 근처에 사는 사람들이 경험적으로 상상할 수 있는, 한자리에 모일 수 있는 가장 큰 무리의 수가 2만 5천 명이라고 볼 수 있다. 만약 2만 5천 명이 각각 자신의 목소리를 하나의 목표에 모은다면, 그 힘은 누구도 거스를 수 없었을 것이다.

그렇다면 요한계시록이 기록되던 당시 한 도시의 교회에는 몇 명이 모였을까? 아마도 수십 명에서 100여 명 정도에서 많이 벗어나지 않았을 것이다. 박해 가운데 위축되어 그마저도 줄어드는 현상이 눈에 보였을 가능성도 있다. 이런 상황에서 '십사만 사천'은 "아무도 능히 셀 수 없는 큰 무리가"(계 7:9) 하나님을 경배할 것이라는 역사 속 '승리의 확신'을 보여 주는 말이다. 그 확신을 당시 사람들의 숫자 개념을 통해 드러낸 표현인 것이다.

그러므로 수만 명이 모이는 지역 교회가 즐비한 현대에 '매우 많은 수'를 상징하는 성경의 '십사만 사천'을 신천지나 안식교처럼 구원의 수를 제한하는 의미로 여기는 사람들은 심각한 오류를 범하는 것이다. 누가복음에서 예수님은 이렇게 말씀하셨다.

적은 무리여 무서워 말라 너희 아버지께서 그 나라를 너희에게 주시기를 기뻐하시느니라(눅 12:32).

'십사만 사천'의 의미에 대한 정확한 해설을 여기서 찾을 수 있다. 여기서 '적은 무리'는 얼마나 작고 미약한가. 그들은 숫자가 적을 뿐만 아니라 힘도 없었다. 로마 황제 네로가 그리스도인들을 방화범으로 몰아 잡아 가두고 죽인 이유는 하나였다. 그들이 무력했기 때문이다. 당시 사회에서 존재감은 물론 돈도, 권력도 없었기 때문에 교회는 극심한 박해를 당했다. 만약 유대인들을 비롯해 힘 있는 집단을 건드렸다면 폭동이 일어나 제국에 위협이 되었을 것이다. 따라서 당시 로마에서 가장 약했던 그리스도인들을 속죄양으로 몰아서 죽였다고 추정할 수 있다. 이처럼 그 시절 교회는 철저히 작고 약한 무리였다.

그러나 예수님은 "무서워 말라 너희 아버지께서 그 나라를 너희에게 주시기를 기뻐하시느니라"라는 승리의 확신을 그들에게 주셨다. 비록 사람들이 보기에는 별 볼 일 없는 초라한 공동체이지만, 하나님은 그분의 구원 계획을 그 공동체를 통해 이끌어 가신다. 그들은 이 확신 가운데 역사의 주인이 로마 제국이 아니라 하나님이심을 분명히 믿고 고백했다. 그리고 그 하나님이 자신들을 사용하시어 역사를 이루어 가신다는 사실을 기억했다.

요한계시록 4장을 보면, 하늘에서 천군 천사들이 하나님을 예배하는 장면이 나온다. 땅에서는 로마 황제가 절대적 권력으로 인식되지만, 결국 그는 이 땅의 한계 안에 머물러 있다. 하늘에서는 하나님과 그리스도가 예배를 받고 계신다. 그 하나님은 온 우주 가운데 역사를 이끌고 가신다. 누가복음은 예수님이 승천하셔서 하늘에서 역사를 다스리고 계심을 증언한다. 요한계시록은 같은 세계관을 드러내고 있다. 바울 역시 그리스도가 우주적 예배를 받으시는 세계를 언급한 바 있다.

하늘에 있는 자들과 땅에 있는 자들과 땅 아래에 있는 자들로 모든 무릎을 예수의 이름에 꿇게 하시고 모든 입으로 예수 그리스도를 주라 시인하여 하나님 아버지께 영광을 돌리게 하셨느니라 (빌 2:10-11).

마태복음은 "또 내가 네게 이르노니 너는 베드로라 내가 이 반석 위에 내 교회를 세우리니 음부의 권세가 이기지 못하리라"(마

16:18)라는 말씀으로, 요한복음은 "세상에서는 너희가 환난을 당하나 담대하라 내가 세상을 이기었노라"(요 16:33)라는 확언으로 요한계시록과 동일한 주제를 담고 있다.

이 주제를 명심한다면 요한계시록은 신약 성경의 다른 책들과 다른 메시지를 전하고 있는 성경이 아님을 알 수 있다. 이 책의 전체 주제가 2장 10절에 담겨 있다.

네가 죽도록 충성하라 그리하면 내가 생명의 관을 네게 주리라 (계 2:10).

'죽도록 충성하라'는 말을 오해하면 '과로사할 정도로 수고하라'는 의미로 들릴 수 있다. 이 말은 '신실하라'(Be faithful)는 의미다. 설령 예수 그리스도를 믿는 믿음이 죽음을 요구한다 할지라도 신실하라는 것이다. 바울서신 연구에서도, 전통적으로 '믿음'이라고 번역된 단어의 상당 부분을 무조건 '신실함'으로 이해해야 한다는 주장이 세를 얻고 있다. 그렇다면 바울서신의 주제와 요한계시록의 주제는 상당히 근접해 있는 것이다. 하나님이 역사의 주관자이심을 보여 주고 그리스도의 고난과 부활에 나타난 승리로 결정된 성도의 최후 승리를 확언하는 것, 그로써 고난 앞에서도 담대하도록 성도들의 믿음을 준비시키는 말씀이 바로 요한계시록이다.

무엇으로부터의
승리인가?

그렇다면 성도는 '무엇으로부터의 승리'를 확신하는 것인가?

누구든지 이 표를 가진 자 외에는 매매를 못하게 하니 이 표는 곧 짐승의 이름이나 그 이름의 수라(계 13:17).

요한계시록에서 예수님을 믿음으로 말미암아 겪게 되는 가장 핵심적인 박해는 바로 '경제적 문제'였다. 정치적 박해는 상대적으로 덜했던 것으로 보인다. 장차 올 환난 가운데 믿음을 지키기 위해 짐승의 표를 받지 않으면 매매를 못하게 되었다. 즉 그리스도

197

인으로서 살아가는 것은 경제적으로 심각한 손해를 감수하는 삶이다.

오늘날에도 사업을 하려면 술자리를 피하기 어렵다고들 한다. 요한계시록이 기록되던 당시 서민들의 사회는 갖가지 조합들로 촘촘하게 짜여 있었다. 그 조합들은 전부 우상을 섬기는 모임이라고 해도 과언이 아니다. 장사를 하려면 같은 업계의 조합에 속해 어울려야 했다. 이에 우상을 숭배하는 모임에 참여하는 것이 불편해진 그리스도인들은 심각한 딜레마에 봉착했다.

또한 이런 상황을 상상해 보자. 당시는 가정집이나 가게에 우상을 붙여 놓는 것이 일반적이었다. 우상이 없는 집을 오히려 이상하게 보았다. 그런 상황에서 예수님을 믿게 된 후 가게에서 우상을 떼어 냈다면 어떻게 되었을까? 그때부터 손님들이 이상하게 생각했을 것이다. 금세 소문이 나서 매출에 심각한 타격을 입었을 것이다. 초기 그리스도인들은 '무신론자들'이라는 비난을 받았다. 우리 귀에는 이상하게 들리지만, '우리 모두가 섬기고 있는 신에게 경의를 표하지 않는 이들'이라는 의미로 보면 이해가 간다.

이렇듯 타락한 세상을 살아가는 그리스도인의 고단한 모습을 잘 보여 주는 예가 삭개오다. 삭개오는 예수님을 믿게 된 후 자기 재산의 절반을 가난한 사람들에게 주고, 남을 속여 빼앗은 것은 네 배로 갚겠다고 공개적으로 선언했다(눅 19:8). 그러고 나서 삭개오는 예수님을 따라 예루살렘에 올라갔을까? 여리고에 계속 남아 삶을 이어 갔을 가능성이 크다. 그렇다면 세리장직을 유지했을 것이다.

그러나 삭개오는 이전과 똑같이 살지는 않았을 것이다. 여전히 로마 제국에 속한 세리장이지만 이제는 남을 속이지 않고, 가난한 사람들을 착취하지 않고, 선하게 살기로 결심했을 것이다. 그러한 삶이 쉬웠을까? 어쩌면 열두 사도처럼 모든 것을 버리고 예수님을 따라나선 사람들의 삶이 오히려 쉬웠을 수 있다. 삭개오처럼 여전히 여리고에 살면서 로마 제국의 현실에서 예수님의 뜻대로 살아가는 것이 훨씬 더 힘들었을 수 있다. 오늘날에도 세속 사회를 살아가면서 신실한 그리스도인으로서의 정체성을 유지하려는 신자들의 삶이 목회자나 선교사들 못지않게 힘들 수 있다.

요한계시록의 독자들 역시 삭개오과 비슷한 상황에 놓인 이들로 보아야 한다. 당장 감옥에 갇혀 목숨 걸고 신앙을 지킬 것을 강요받지는 않았다. 2-3장에 나오는 일곱 교회에 보낸 편지에는 이 편지에 내재된 독자들(the implied readers)에 관해 실마리를 제공하는 내용이 많다. 그중 예수님이 라오디게아 교회에 주신 말씀은 요한계시록 독자들의 정체와 관련해 중요한 정보를 준다. 일곱 편지 중에 마지막에 위치해 문학적인 기능 면에서 전체를 대표하는 역할을 한다고 볼 수도 있다.

네가 말하기를 나는 부자라 부요하여 부족한 것이 없다 하나 네 곤고한 것과 가련한 것과 가난한 것과 눈먼 것과 벌거벗은 것을 알지 못하는도다(계 3:17).

그들은 로마 제국이라는 경제 체제 아래에서 비교적 안정된 삶을 살아가는 이들이었다. 삭개오와 같이 회심을 경험하고 예수님께 헌신했지만, 현 직장이나 사업을 유지하는 사람들이었을 것이다. 그들 중에는 시간이 지나면서 현실과 조금씩 타협하며, 예수님에 대한 충성보다 안정된 생활의 유지가 더 소중해진 이들도 있었을 것이다.

기도와 말씀을 비롯해 경건 생활을 잘하고 매주 주일 예배도 열심히 드리지만, 일차적인 관심은 돈을 벌고 세속의 지위를 유지하는 데 있다면, 그는 어디에 속한 사람인가? 그는 어디에 충성하고 있는가? 바로 이 질문을 요한계시록은 하고 있다. 이렇게 두 세계 사이에 있는 사람이 요한계시록의 주 독자들이었다. 히브리서 저자는 그러한 독자들에게 "너희가 죄와 싸우되 아직 피 흘리기까지는 대항하지 아니하고"(히 12:4)라고 말했다. 범주적으로 요한계시록의 독자들도 크게 다르지 않았다. 무시무시한 묵시의 언어가 나오지만, 그들이 극심한 정치적 박해 아래 있었다는 근거는 의외로 많지 않다. 정치적 박해보다는 경제적 손해와 사회적 소외가 그들이 당하는 고난의 핵심이었을 것이다.[11]

요한계시록 저자는 "너는 장차 받을 고난을 두려워하지 말라"(계 2:10)며 다가올 가공할 박해를 예고했다. 그러면서 막바지에 이르러서는 독자들에게 강력하고 직접적인 경고를 다음과 같이 전했다.

또 내가 들으니 하늘로부터 다른 음성이 나서 이르되 내 백성아, 거기서 나와 그의 죄에 참여하지 말고 그가 받을 재앙들을 받지 말라 그의 죄는 하늘에 사무쳤으며 하나님은 그의 불의한 일을 기억하신지라(계 18:4-5).

이는 구체적으로 로마 제국으로 대표되는 타락한 세상으로부터 나오라는 촉구다. 요한계시록 저자는 로마 제국의 죄에 참여하지 말고 그가 받을 재앙들을 받지 말라고 했다. 왜냐하면 그의 죄악이 쌓이고 쌓여 하늘에 사무쳤기 때문이다. 그렇기 때문에 교회는 거기로부터 나와야 할 때가 올 것이다. 아직은 세상에 살아가는 것이 양해되는 시기지만, 언젠가는 그 양해도 불가능해질 때가 올 것이라는 경고다.

이런 시간 이해, 세계 이해는 오늘날 세속 사회를 살아가는 그리스도인들에게 '세상은 나의 영원한 거처가 아니며, 궁극적인 충성의 대상이 아니다'라는 사실을 알려 준다. "한 사람이 두 주인을 섬기지 못할 것이니"(마 6:24)라는 예수님의 말씀과 같은 말을 한 것이다.

이 경고를 듣는 사람들은 당시 로마 제국 내 타락한 경제 시스템 안에 있었다. 마치 롯이 소돔과 고모라의 한복판에서 살아간 것과 비슷했다(벧후 2:7). 그들은 예수님을 믿지만 세상과 조금씩 타협했다. 그런 그들에게 예수님을 믿는 것, 예수님께만 충성(계

2:10, 14:4)하는 것이 무엇인지를 강력한 용어와 생생한 상징으로 알려 주며 하나님을 향한 신실한 삶을 요구하는 성경이 요한계시록이다. 이런 점에서 보면, 요한계시록은 장르와 표현만 다를 뿐 다른 신약 성경의 주제와 같은 이야기를 하고 있다.

예수님은
누구신가?

여러 번 강조했듯이, 요한계시록의 핵심은 '예수 그리스도의 계시'다. 예수님이 어떤 분이신지를 독자들이 아는 것이 이 책의 가장 중요한 기록 목적이다. 요한계시록에는 예수님에 대한 다양하고 입체적인 묘사가 나온다. 그중에서 가장 강력한 이미지는 '죽임당하신 어린양'이다.

죽임을 당한 어린양의 생명책에 창세 이후로 이름이 기록되지 못하고 이 땅에 사는 자들은 다 그 짐승에게 경배하리라(계 13:8).

예수님은 죽으셨다가 살아나신 분이다. 승리하신 분이다. 사람들은 승리라고 하면 주로 승리한 결과, 영광스럽게 회복된 모습만 이야기한다. 하지만 요한계시록에 의하면, 죽임당하고 상처받은 흔적이 예수님에게 지워지지 않고 계속 남아 있다. 이미 승리하신 분인데도 예수님을 가리켜 끝까지 '죽임당하신 어린양'이라고 지칭하고 있다. 어떤 의미일까?

예수님은 십자가와 부활을 통해 처음부터 끝까지 이미 승리하셨다. 그리고 하늘에 오르시어 온 세계의 역사를 주관하신다. 그럼에도 '승리하신 주님', '전능하신 하나님', '영광 중에 거하시는 주님' 등 화려한 표현 대신, 예수님은 왜 끝까지 '죽임당하신 어린양'이라고 불리셨을까?

여드레를 지나서 제자들이 다시 집 안에 있을 때에 도마도 함께 있고 문들이 닫혔는데 예수께서 오사 가운데 서서 이르시되 너희에게 평강이 있을지어다 하시고 도마에게 이르시되 네 손가락을 이리 내밀어 내 손을 보고 네 손을 내밀어 내 옆구리에 넣어 보라 그리하여 믿음 없는 자가 되지 말고 믿는 자가 되라(요 20:26-27).

예수님의 부활체는 연약한 인간의 몸과는 완벽하게 다른 차원의 신비한 몸이다. 벽을 뚫고 제자들 가운데로 들어오셨을 정도다. 인간의 모든 육체적 한계를 초월한 영적인 몸이다. 우리 역시 부활한 후에는 세상을 살며 생긴 흉터나 장애 혹은 노화를 비롯한 육체의 모든 연약함과 상처에서 완전히 회복한 몸을 얻게 될 것이다. 예수님은 더욱 그러하셨다. 알아보기 힘들 정도로 아름다운 상태로 회복되셨다. 그런데 그 예수님은 십자가의 흔적만은 없애지 않고 그대로 남겨 두셨다. 심지어 도마에게 옆구리의 상처를 살펴보라고까지 말씀하셨다. 여기에는 세 가지 의미가 있다.

첫째, 그리스도의 구속 사역이라는 역사적 사건이 신앙의 기초임을 알려 주기 위해서다. 요한일·이서에서는 '그리스도가 육체로 오심을 부인하는 사람들'이 곧 이단이라고 가르친다. 그런데 요한계시록이 예수님 재림 후 '미래의 일'을 이야기하다 보니 그 내용을 요한계시록의 중심으로 오해하는 사람들이 많다. 그렇지 않다. 요한계시록 역시 신약 성경의 다른 모든 책과 마찬가지로 예수님의 재림보다 그분이 초림 때 이루신 일을 훨씬 더 중요하게 여긴다. 그런 까닭에 '십자가에 죽임당하신 어린양'이라는 표현을 끝까지 붙들고 있는 것이다. 사도 바울 역시 이렇게 말했다.

유대인은 표적을 구하고 헬라인은 지혜를 찾으나 우리는 십자가
에 못 박힌 그리스도를 전하니 유대인에게는 거리끼는 것이요 이
방인에게는 미련한 것이로되 오직 부르심을 받은 자들에게는 유대
인이나 헬라인이나 그리스도는 하나님의 능력이요 하나님의 지혜
니라(고전 1:22-24).

'십자가에 못 박힌 그리스도'가 복음의 핵심이다. 예수님이 초
림 때 십자가와 부활로 죄와 사망의 권세를 정복하신 사건이 우
리 신앙의 가장 견고한 중심이다. 요한계시록의 저자인 사도 요
한 역시 예수 그리스도의 부활을 증언하기 위해 평생을 바쳤던 사
람이다. 결국 요한계시록의 초점은 예수님의 재림이 아닌 초림이
다. 그러므로 우리는 주님의 십자가와 부활을 이해해야 한다. 이
것이 바로 신앙의 핵심이고 근거다. 물론 예수님의 재림도 성도
들이 잘 알아야 하는 중요한 내용이지만, 중심은 여전히 십자가
의 그리스도다.

둘째, 우리를 위한 구속 사역의 효력이 영원함을 보여 주기 위

해서다. 구속 사역의 효력은 영원하다. 그리스도인들이 성찬을 행하는 이유가 무엇인가? 성찬은 예수님의 십자가를 기념하는 성례전이다. 주님은 성찬을 제정하시며 "나를 기념하라"(눅 22:19)고 말씀하셨다. 요한계시록에 기록된 승리의 주님도 십자가를 기념하기 위해 손에 못 자국을 가지고 계셨다. 그렇게 주님은 자신이 '죽임당하신 어린양'임을 강조하셨다.

셋째, 승리주의(Triumphalism)에서 벗어나게 하기 위해서다. 그리고 완전한 승리 이후에도 약한 자, 상처받은 자의 자리에서 그들과 함께하기를 멈추지 않으시는 주님을 보여 준다. 사람은 출세하면 지난 시절의 가난과 설움을 잊어버리고 다른 사람들을 무시하며 오만하게 행세하곤 한다. 조금만 높아져도 아랫사람을 무시하기 쉽다. 그러나 예수님은 우리가 연약할수록 더욱 귀히 여기사 높은 보좌 위에서 낮은 나를 보시는 분이다(새찬송가 563장 3절).

예수님은 이 땅에 한 아기로 오실 때부터 마구간에 낮고 천한 모습으로 오셨다. 갈릴리 빈민들과 함께 살아가며 고달픈 인생길을 걸으셨다. 하늘에 계신 지금도 약한 자, 눈물 흘리는 자, 소외된 자와 자신을 동일시하신다. 예수님은 죽임당할 수밖에 없었던 어린양, 약한 사람의 하나님이시다.

요한계시록은 승리주의의 복음으로 오해받기 쉬운 책이다. 성경은 분명 '예수님의 승리', '진리의 승리', '승리의 확신'을 이야기한다. 하지만 동시에 승리 자체가 우리 신앙의 대상이 되는, 즉 승리가 목표 및 숭배의 대상이 되는 승리주의를 철저하게 경계한다. 요한계시록도 마찬가지다.

이에 내가 보니 흰 말이 있는데 그 탄 자가 활을 가졌고 면류관을 받고 나아가서 이기고 또 이기려고 하더라(계 6:2).

여기서 '흰 말 탄 자'를 많은 사람이 그리스도로 오해했다. 흰색은 좋은 색이고, 흰 말을 탄 자라면 당연히 예수님이시라고 섣불리 판단한 것이다. 그러나 맥락을 조금만 살펴봐도 알 수 있듯이, '흰 말 탄 자'는 악한 자다. 요한계시록은 그의 악성에 대해 "나아가서 이기고 또 이기려고 하더라"라고 묘사하고 있다. 이것이 바로 승리주의다.

악의 특징은 "내가 다 맞다"고 주장하는 것이다. 이기고 또 이기려 하는 것이다. 만약 가족들 중에 절대로 지지 않고 모든 일에 이기려고만 하는 사람이 있으면 그 가정은 반드시 황폐해진다.

교회도 마찬가지다. 소란을 일으키고 고집을 부리는 사람이 있어도 누군가가 져 주고 상처를 흡수해 갈등을 무마시켜 주고 있기 때문에 교회가 유지되는 것이다. 어떻게든 이기려는 사람들만 있는 교회는 제대로 설 수 없다.

제국주의적인 시각에서 마치 정의의 사도처럼 악한 무리를 다 없애려는 것은 요한계시록이 말하고자 하는 그리스도의 정신이 아니다. 이기고 또 이기려는 사람은 악의 편이다. 예수님은 지셨다. '죽임당하신 어린양'은 단순히 지나가는 과정만이 아니다. 부활하시고 승천하셔서 만유의 주님이 되신 후에도 예수님은 여전히 죽임당하신 어린양이시다. 희생하시고 양보하시고 끝내 죽음에 이르신 주님, 그 결과 우리의 삶 속에 참 소망을 주신 주님이 바로 예수님이시다.

따라서 교회는 큰 힘을 가져 전체주의적인 권력을 휘둘러서는 절대로 주님의 복음을 잘 전할 수 없다. 초대 교회의 위대한 지도자인 테르툴리아누스(Tertullianus)는 그의 책 《호교론》(Apol-ogeticum)에서 "순교자의 피는 교회의 씨앗이다"(Sanguis martyrum, semen christianorum)라는 말을 남겼다.

기독교 역사를 돌이켜 보면 교회가 핍박받을 때, 예수님을 믿는 일이 어렵고 힘들 때, 신앙 때문에 경제적으로 어려움을 겪고 따돌림을 당할 때 그럼에도 신앙을 지켰던 사람들이 오늘의 교회를 만들었다. 교회는 예수님을 이용해 세상에서 승리하고 영광받으려는 것을 목표로 하는 순간, 복음을 배반하게 된다. 요한계시록은 이러한 진리를 명심하며 오늘날 우리가 어떤 마음으로 신앙을 갖고 살아야 할 것인가를 알려 준다.

결론:
지키는 자가 복이 있다

요한계시록 저자는 서두에서 "이 예언의 말씀을 읽는 자와 듣는 자와 그 가운데에 기록한 것을 **지키는 자는** 복이 있나니 때가 가까움이라"(계 1:3)라고 했다. 요한계시록을 읽고 듣는 것은 결국 이 말씀을 지키기 위해서다. 마태복음의 결론도 마찬가지다.

내가 너희에게 분부한 모든 것을 가르쳐 **지키게 하라** 볼지어다 내가 세상 끝 날까지 너희와 항상 함께 있으리라 하시니라(마 28:20).

예수님의 제자들은 모든 민족을 제자로 삼아 그들에게 세례를 베풀고 예수님의 말씀을 가르쳐 '지키게' 해야 한다. 여기서 '지키다'에는 두 가지 의미가 있다. 하나는 '순종하는'(obey) 것이다. 그 말씀을 마음에 담고 그대로 행한다는 것이 첫 번째 의미다. 또 하나는 잘 '보존하는'(keep) 것이다. 유산(遺産)을 지키는 것과 마찬가지로 잊어버리지 않고 간직하여 후세에 물려준다는 것이 두 번째 의미다.

따라서 예수님의 마지막 당부인 마태복음 28장 20절 말씀에서 '지키다'라는 말은 두 가지 의미가 있다. 먼저 '말씀에 순종'하고, 후세들에게 '잘 물려주어' 계속해서 은혜 가운데 살아가게 하라는 뜻이다.

자녀들을 위해 말씀을 잘 간직하고 보존하려면 어떻게 해야 할까? 성경책을 세련되게 인쇄하고, 성경공부반을 많이 만들면 될까? 물론 필요한 일이다. 하지만 이보다 더 중요한 일은 부모가 먼저 말씀에 순종하고 그 말씀을 중요한 생활 원리로 삼는 것이다. 성경의 이야기가 내 이야기가 된 부모를 통해서 후세들도 성경의 이야기를 자신들의 이야기로 삼아서 살아가게 될 것이다. 하나님의 말씀을 들음에서 앎으로, 앎에서 삶으로 이어지게 되는 것이다.

마태복음과 요한계시록, 즉 신약 성경의 첫 책과 마지막 책에서 두드러지는 "지킴"이라는 주제를 요약하면 다음과 같다.

"우리는 하나님의 말씀을 순종함으로써 지킨다"(We are keeping the Word of God by obeying it).

우리는 급변하는 시대를 살아가고 있다. 과거 수백 년 동안 일어났던 일들이 요사이는 수년 사이에 일어나기도 한다. 코로나19가 사회의 많은 부분을 무너뜨렸고 전에 없던 일을 초래하기도 했지만, 이왕에 진행되고 있던 변화를 더 가속화한 면도 있다. 이미 어디에선가 일어난 변화가 모두에게 알려지고, 강제로라도 적응하게 만든 측면 또한 강하다. 이전에 없던 기회가 생기기도 하겠지만, 기존의 문제들이 더욱 심각하게 다가오기도 할 것이다. 고립과 외로움, 사회 갈등과 양극화, 소수의 기회 독점과 불공정, 기후 위기 등이 그 예다. 이 변화 앞에 선 우리는 불안하다.

40년 동안 광야에서 헤매다 이제 약속의 땅을 밟아야 하는 여호수아를 떠올려 보자. 격변의 시대에 맞서야 하는데, 의지하던 모세도 옆에 없었다. 따라서 여호수아 1장에는 "두려워하지 말며 놀라지 말라", "강하고 담대하라"라는 하나님의 말씀이 연이어 나온다.

오직 강하고 극히 담대하여 나의 종 모세가 네게 명령한 그 율법을 다 지켜 행하고 우로나 좌로나 치우치지 말라 그리하면 어디로 가든지 형통하리니 이 율법책을 네 입에서 떠나지 말게 하며 주야로 그것을 묵상하여 그 안에 기록된 대로 다 지켜 행하라 그리하면 네 길이 평탄하게 될 것이며 네가 형통하리라(수 1:7-8).

하나님은 여호수아에게 어디로 가든지 함께하겠다고 약속하셨다. 마태복음에 기록된 예수님의 마지막 약속, "내가 세상 끝 날까지 너희와 항상 함께 있으리라"(마 28:20)라는 말씀과 동일하다. 하나님의 함께하심을 신뢰하며 살아갈 수 있는 사람들은 율법의 말씀을 주야로 묵상하고 지켜 행하는 사람들이다. 마태복음의 결론과 놀랍도록 동일하지 않은가?

말씀을 지켜 행하는 이들을 그 말씀이 지켜 줄 것이다. 그리고 그러한 사람들은 자신들의 시대에 임하는 하나님의 통치를 증언

하며 살게 될 것이다. 이런 소망을 갖고 주님의 말씀을 즐거이 듣
고, 들음이 앎으로, 앎이 삶으로 이어지는 은혜를 누리기를 기대
한다.

묵상과 나눔을 위한 질문

1 │ 히브리서는 오늘을 살아가는 그리스도인들의 삶이 하나님의 역사에서 얼마나 중요한지를 깨우쳐 준다. 히브리서가 이를 어떻게 표현하고 설득하고 있는지를 살펴보라. 또한 히브리서는 역사 속에서 계속 말씀해 오셨던 하나님이 그리스도를 통해서 결정적으로 말씀해 주셨고, 오늘 우리에게 말씀하고 계신다는 점을 강조한다. 이 메시지를 이 책 제목인 "쾌청"(속히, 즐거이 듣는다)의 자세와 어떻게 연결 지어 생각해 볼 수 있는가?

2 │ 공동서신의 주요 저자는 예루살렘 교회의 기둥이었던 야고보, 베드로, 요한이다. 바울서신으로 대표되는 이방인의 교회 전통과 기둥 사도들로 대표되는 유대인 교회 전통이 정경 속에 나란히 놓여 있다는 사실은 오늘날 교회의 신학과 실천이 부분적인 차이를 인정하며 포용하는 가운데 초대 교회의 역동을 이어 갈 수 있다는 도전이다. 우리가 섬기는 교회는 이런 폭에 대하여 얼마나 열려 있는가? 차이점을 발견하려는 것보다는 공통점을 발견하고 접촉면을 넓혀 가려는 노력이 중요하다. 이런 점에서 "믿음과 행함"이라는 주제를 놓고 바울과 야고보가 어떤 점에서 합의하고 있는지 살펴보자.

3 ｜ 요한계시록은 먼저 하나님이 주후 1세기 소아시아의 성도들에게 주신 말씀으로 해석하고, 그 후에 오늘 우리에게 주시는 의미를 적용할 수 있다. 이런 점에서 신약 성경의 다른 책들과 본질적으로 다르지 않다. 주후 1세기 독자들에게 두는 의미라는 전 단계가 생략될 때 역사적, 신학적 오류에 빠질 수 있다. 여기서는 그런 오류의 어떤 실례를 들고 있는가?

4 ｜ 요한계시록은 '죽임당하신 어린양'이라는 칭호를 끝까지 소중하게 붙들고 있다. 여기에는 어떤 의미가 있는가? 요한계시록이 '승리주의'와 거리를 두고자 하는 자세를 오늘날의 '번영신학'(prosperity theology, 현세적 번영을 신앙의 중심에 두는 신학)을 반성하는 메시지로 읽을 수 있다. 구체적인 예를 들어 보자.

1 뮤리엘 루카이저의 시(詩) "어둠의 속도"(*The Speed of Darkness*) 중
에서.

2 Todd D. Baker, *Matthew 27:25: "his Blood Be Upon Us": Are the
Jews Racially Condemned for the Death of Christ?*(Bloomington, IN:
iUniverse, 2008).

3 유세비우스, 《교회사》 제3권, 39.15-39.16.

4 김정운, 《에디톨로지》(21세기북스).

5 Richard I. pervo, *Profit with Delight: The literary Genre of the Acts
of the Apostles*(philadelphia: Fortress, 1987).

6 게르트 타이쎈, 《복음서의 교회정치학》 (서울: 대한기독교서회, 2002).

7 소위 '바울에 관한 새 관점'(The New Perspective on Paul) 논쟁의 두 측
면도 에베소서 2장에 다 담겨 있다. 마르틴 루터를 따르는 전통적 이신칭
의 주창자들은 구원론이, 새관점학파는 교회론이 바울 신학의 중심이라
말한다. 단순화해 말한다면, 에베소서 2장의 전반부는 전자를, 후반부는
후자를 지지한다고 할 수 있다.

8 박영호, 《빌립보서-그리스도인을 위한 통독 주석 시리즈》(서울: 홍성사,
2017)를 참조하라.

9 박영호, "서신의 장르적 특성과 바울주의의 발흥" 신약논단 27(2020:3),
p. 877-916을 참조하라.

10 이것은 바울의 묘사이고, 예루살렘 입장에서는 좀 다른 그림, 즉 기둥 사

도들이 대표하는 예루살렘 교회가 전체 교회의 중심이고, 그 아래 어딘가에 이방 교회, 바나바와 바울이 존재하는 구도일 수 있다.

11 박영호, 《우리가 몰랐던 1세기 교회-오늘의 그리스도인을 위한 사회사적 성경 읽기》(서울: IVP, 2021), p. 223-235를 참조하라.